🛒

스타트업 리테일

포스트 코로나 시대, 리테일 스타트업을 위한 트렌드 제시

START-UP
스타트업 리테일
RETAIL

강재영 지음

포스트 코로나 이후,
뉴리테일 시대

우리 생활에 찾아온 코로나19 바이러스로 세계의 모든 산업에 변화를 예고하는 대변혁의 시발점으로 인식되고 있다.

특히, 가까운 미래의 메가트렌드인 '포스트 코로나 시대', '4차 산업혁명 시대', '밀레니엄과 Z세대'는 기존의 생활이나 관습 등과는 전혀 다른 새로운 패러다임을 예고하고 있다.

바이러스가 우리의 생활 속에 자리 잡는 팬데믹 시대를 도래했으며 바이오 기술 발전을 통해 대처해 나아가고 있고 이제 그 끝이 예견되는 상황이다.

4차 산업혁명 시대는 빅데이터를 기반으로 그동안 축적해 온 경험과 노하우를 데이터화 하여 인간의 한계를 능가하는 인공지능 시대를 예고하고 있다. 그 폭발력이 인간을 압도할 수도 있다는 사실이 곳곳에서 감지되고 있어 이에 대한 대비가 필요하다.

특히, 소비자와 만나는 접점에 있는 비즈니스인 리테일은 우리의 소비와 관련한 모든 상품과 서비스라고 봐도 무관한 리테일 비즈니스에 놀라운 속도로 첨단 기술의 융합이 진행되고 있다.

쇼핑몰, 백화점, 대형마트, 브랜드 점포를 비롯하여 온라인·모바일 쇼핑 플랫폼까지 빠르게 파고든 인공지능(AI), 로봇, 빅데이터, 증강·가상현실(AR·VR), 블록체인방식의 NFT 등의 기술 혁신이 뉴리테일 테크를 열고 있다.

여기에 강력한 소비 세력으로 떠오른 밀레니엄과 Z세대는 이전 세대와는 다른 소비 경험을 원한다.

코로나 시대를 겪으면서 이젠 굳이 대면하지 않아도 고객의 욕구를 충족할 수 있는 비대면 쇼핑의 소비는 정말 폭발적인 확장 국면을 맞이하고 있다.

이 책은 국내 삼성, GS리테일을 거쳐 홈플러스의 경험을 바탕으로 비즈니스 최전방에서 급변하는 유통 트렌드를 예민하게 포착해 온 필자가 바라보는 글로벌 시대의 유통 혁명을 견인하고 있는 리테일 테크를 꼽고, 이로 인해 달라질 리테일 기업의 생존 전략, 리테일 창업자에게 도움이 되는 사업계획서 등에 대해서 구체적으로 알아보고자 한다.

국내 동네 편의점에 등장할 로봇과 함께 다가올 미래, 그 놀라운 비즈니스 환경을 만나보고자 한다.

급격한 리테일의 비즈니스 환경 변화에 대해 남들보다 먼저 준비하여 도전하고 있는 열정을 가지고 미래에 예상되는 변화를 이 책에 기술했다. 독자분들께서 리테일 창업과 경영을 준비하는 데 조금이나마 도움이 되기를 바란다.

목차

포스트 코로나 시대
리테일 전략

리테일 창업
인큐베이팅

1장

트랜스포머만이 생존하는 뉴리테일 시대

1. 글로벌 리테일 기업

누구도 예측하지 못한 코로나19 바이러스로 세계 경제와 우리 일상
의 대부분을 변화시키고 있다. 특히, 일상적인 활동의 제약으로 우리 생
활과 가장 밀접한 리테일 산업의 변화는 엄청난 속도로 일어나고 있다.

2021년 딜로이트에서 발표한 글로벌 리테일 Top 250중에 Top 10
기업은 다음 표와 같다.

Top 10 유통기업
월마트가 세계에서 가장 큰 유통업체로 선두를 달리고 있음

TOP 250 순위	기업	국가	FY2019 유통매출 (USD 10억)	순위변화
1	월마트 Walmart Inc.	미국	$524.0	-
2	아마존 Amazon.com, Inc.	미국	$158.4	▲ +1
3	코스트코 Costco Wholesale Corporation	미국	$152.7	▼ -1
4	슈바르츠 그룹 Schwarz Group	독일	$126.1	-
5	크로거 The Kroger Co.	미국	$121.5	-
6	월그린 부츠 얼라이언스 Walgreens Boots Alliance, Inc.	미국	$116.0	-
7	홈데포 The Home Depot	미국	$110.2	-
8	알디 Aldi Einkauf GmbH & Co. oHG and Aldi International Services GmbH & Co. oHG	독일	$106.3*	-
9	CVS 헬스 CVS Health Corporation	미국	$86.6	-
10	테스코 Tesco PLC	영국	$81.3	-

* 추정치

Top 글로벌 리테일 기업
자료원: 딜로이트 글로벌 유통업 강자 2021 보고서

이처럼 글로벌 리테일을 이끌어 나가고 있는 글로벌 Top 10 대기업

회사에 대해서 주요현황을 서술하면 다음과 같다.

1) 월마트

월마트는 미국의 할인점으로 1962년 샘 월턴이 아칸소주에 작은 잡화점을 시작한 것에서 월마트의 역사는 시작된다. 아칸소주와 미주리주 일대에서 점포를 늘리면서 1969년 10월에 기업을 설립하였고, 1972년에 뉴욕 증권거래소에 상장되었다. 현재 미국 유통계의 큰 부분을 장악하며 전 세계 모든 기업을 통틀어 매출액 1위를 달리고 있다. 월마트의 종업원 수는 약 230만 명이 넘는 초유의 대기업이다. 현재 약 전 세계 28개국에서 약 12,000개의 점포를 운영 중이다. 한때 한국에도 진출하였으나 실적 부진으로 2006년 이마트에 점포 매각 후 철수하였다.

2) 아마존

아마존 주식회사(Amazon Inc.)는 미국의 워싱턴주 시애틀에 본사를 두고 있는 국제적 전자 상업 회사다. 세계 최대의 온라인 쇼핑 중개 회사다. 인터넷을 통해 물건을 파는 최초의 주요 회사들 가운데 하나였다.

1994년 7월에 제프 베조스가 설립하였고, 이듬해 1995년 7월에 아마존닷컴은 온라인 서점으로 시작하였지만 1997년부터 VHS, DVD, 음악 CD, MP3, 컴퓨터 소프트웨어, 비디오 게임, 전자 제품, 옷, 가구, 음식, 장난감 등으로 제품 라인을 다양화하였다.

2017년에는 세계 최대 온라인 쇼핑몰 아마존이 미국 친환경 유기농 식료품점인 홀푸드마켓을 아마존 역대 최대 금액인 137억 달러(한화 15조 원)에 인수했다.

또한, 아마존 go는 아마존닷컴이 운영하는 식료품점이다. 첫 번째 매장은 워싱턴주 시애틀에 운영되고 있으며, 2016년 12월 5일 아마존의 데이1빌딩에 오픈하였다. 이 가게는 소비자가 계산대에 줄 서지 않고 제품을 구입할 수 있는 등 부분적으로 자동화되어 있다.

2020년 3월 기준으로, 미국 내에서 27개 점포가 위치되어 있다고 발표되었다.

3) 코스트코

코스트코 홀세일 코퍼레이션(Costco Wholesale Corporation)은 미국의 창고형 대형 할인마트다. 코스트코는 두 창고형 할인점 업체인 프라이스 클럽과 코스트코의 합병으로 이어진다. 1976년 회사가 프라이스 클

럽이라는 이름으로 처음 사업을 시작한 곳은 미국 샌디에이고 모레나 대로에 개조한 비행기 격납고였다. 1993년 두 창고형 할인점 업체인 프라이스 클럽과 코스트코가 합병하였고, 1997년 코스트코 컴퍼니로 개편, 1999년 코스트코 홀세일 코퍼레이션으로 재개편 되어 현재에 이른다.

전 세계 약 796개의 매장을 운영 중이며 한국 법인 코스트코 코리아는 16개의 매장을 운영 중이다. 가장 큰 특징으로는 회원제 운영, 조건 없는 환불 정책, 낮은 마진율로 인한 저렴한 가격, 취급 품목 수의 선택과 집중, 1 국가 1 카드 정책 등이 꼽힌다. 훌륭한 직원 복지로 일하기 좋은 기업으로 손꼽히기도 한다.

4) 슈바르츠 그룹

슈바르츠 그룹은 독일유통 기업으로 그룹의 모태는 1930년대에 창업자인 죠세프 슈바르츠가 리들을 설립하면서 시작한다. 1973년에 죠세프 슈바르츠의 아들인 디터 슈바르츠가 과일과 채소를 중심으로 점포를 열었고, 도매 과일 가게인 30개의 리들을 운영한 것이 그룹의 모태가 되었다.

운영 형태는 하드 디스카운트 스토어인 리들(Lidl)과 하이퍼마켓인 카우프란트(Kaufland)를 운영하는 유통업체로 독일 외에도 유럽, 미국 등

전 세계에 1만여 개의 매장을 보유하고 있다.

이 가운데 약 3,200개 점이 독일에서 운영되고 있다.

하드 디스카운트 스토어인 리들(Lidl)은 2016년 6월 미국에서 첫 번째 매장을 열었으며 회사가 대폭 할인 가격과 현대적인 매장 시설, 그리고 엄선한 와인으로 무장한 채 미국 시장에 도전장을 내민 것이다.

2017년 독일 최강의 식품 잡화 체인점 리들(Lidl)이 미국에 상륙해 동부 연안 지역에 매장을 열자, 월마트, 홀 푸드, 트레이더 조 같은 미국 대형 기업들이 촉각을 곤두세웠다.

5) 크로거

크로거는 130년 넘은 역사를 가진 기업으로 식료품 소매 및 슈퍼마켓 체인을 주력으로 하는 유통회사이다.

1883년 오하이오주의 신시내티에서 독일 이민자의 아들인 버너드 헨리 크로거(Bernard Henry Kroger)가 식료품점을 연 것이 시초다. 크로거는 1930년대에 슈퍼마켓에 처음으로 주차장을 두어 소비자들이 한꺼번에 더 많은 식료품을 구매할 수 있도록 유도했다. 이후 오하이오주를 중심으로 각지에 슈퍼마켓 체인을 늘려갔다.

크로거는 2020년 기준 미국 내 4,000개가량의 매장을 가진 슈퍼마켓으로 자체적으로 식료품 생산도 한다.

이 외에도 의약품점, 백화점, 편의점 등도 운영 중이며 Kroger, Ralphs, Fred Meyer, King Soopers 등의 브랜드로 운영하고 있다.

6) 월그린 부츠 얼라이언스

월그린 부츠 얼라이언스(WBA)는 월그린, 부츠 등 통해 비롯한 다수의 의약, 건강, 웰빙 관련 제품의 제조, 유통, 판매하는 회사들을 소유하고 있는 지주회사다.

WBA는 2014년 말 미국의 약품 판매업체인 월그린이 이미 45%의 지분을 보유하고 있던 스위스의 또 다른 약품 판매 업체인 부츠얼라이언스의 나머지 55%의 지분을 사 인수하며 탄생했다.

월그린(Walgreens)은 미국 일리노이주에 본사가 있는 드러그스토어이다. 1901년에 시카고에서 처음 문을 열었다.

2016년 8월 말 기준으로 이 사업 부문은 미국의 월그린 및 Duane Reade 브랜드로 8,175개의 매장을 운영하며 7개의 전문 약국 및 약 400개의 매장 내 진료소를 갖추고 있다.

영국, 태국, 노르웨이, 아일랜드, 네덜란드, 멕시코 및 칠레의 부츠, Benavides 및 Ahumada에 약 4,673개의 관련 소매점을 운영하고 있다.

7) 홈디포

　홈디포(The Home Depot, Inc.)는 건축 자재, 도구, 원예 등을 유통하는 세계 최대의 소매 체인 업체이다. 1978년, 버니 마커스(Bernie Marcus), 아서 블랭크(Arthur Blank), 론 브릴(Ron Brill), 팻 파라(Pat Farrah)가 설립했다. 미국 조지아 주 애틀랜타 시에 본사를 두고 있으며, 생소한 한국 사람들에게 설명하자면 일반적인 코스트코 두 배 크기의 철물점으로 생각하면 된다.

　홈디포는 미국 50개 주 전역, 캐나다 10개 주, 멕시코, 중국에 2,000여 개의 매장을 운영하는 글로벌 기업이며 총매출액 기준으로 홈디포는 미국 최대 가정용 건축자재 판매 회사다.

8) 알디

　알디는 독일 최대의 할인점 체인이며, 에센에서 작은 상점과 델리카트슨을 운영하던 집안의 아들인 카를 알브레히트와 테오 알브레히트 형제가 1948년 창업했다. 이들은 1950년대에 루르 지방에 여러 점포를 열었고, 점포들은 저렴한 가격과 높은 품질로 인기를 끌었다. 1961년 기업을 설립하고 알브레히트와 디스카운트를 조합한 '알디'라는 이름으로 1962년 점포를 개설하여 서독 전역으로 점포망을 확장했다. 1980년대에 외국 시장에도 적극적으로 진출했고, 독일 통일로 동독 지역으로도 사업을 확장했다.

유럽 여러 나라와 미국·오스트레일리아에도 많은 점포를 개설하여 현재 10,000개에 가까운 점포를 두고 있다. 소품종에 PB상품 위주의 상품 구성으로 대형마트와는 다른 정책을 쓰나, 제품의 가격이 매우 저렴하여 소비자들에게 인기가 높다.

9) CVS헬스

CVS헬스는 1963년에 Melville Corporation이 만든 드러그스토어 체인점으로 약국과 편의점을 함께하는 헬스케어 중심의 오프라인 매장이다.

2006년에는 할인점 관련 그룹인 알버트슨(Albertsons)이 운영하고 있던 드러그스토어 체인점인 오스코 드럭(Osco Drug)과 세이브온 드럭(Sav-On Drugs)을 인수해서 급속하게 체인점 숫자를 확장했고, 이후에도 인수를 통해서 규모를 확장하고 있다. 2015년에는 타겟의 약국 관련 사업부를 인수했다. 미국 약 9,900여 개의 약국 체인 CVS파마시(CVS Pharmacy)를 운영한다.

한국의 올리브영, 롯데 롭스 등의 매장으로 이해하면 되며 차이점은 약국이 입점해 있는 형태다.

일본, 홍콩의 드러그스토어 체인들도 대부분 약국이 입점해 있지만, 한국의 경우 국내법의 제한으로 이러한 형태의 매장으로 발전하고 있지 못하고 있다.

10) 테스코

테스코는 영국의 대형 유통업체로 세계적인 유통업체에 속한다. 1919년 잭 코언이 런던 이스트 엔드(East End)에 문을 연 작은 식료품점으로 출발했다. 테스코라는 이름은 1924년 처음 등장했으며, 첫 테스코 매장은 1929년 미들섹스(Middlesex)에서 문을 열었다. 회사명은 납품업자 T.E. 스톡웰(T.E. Stockwell)과 창립자 잭 코언(Jack Cohen)의 이름에서 딴 것이다.

1990년대 초 해외로 진출했으며 사업 영역을 책, 의류, 전자제품, 가구, 소프트웨어, 금융서비스, 이동통신, 인터넷서비스, DVD 대여, 음악 다운로드 부문으로 확장했다. 1995년 테스코는 영국 내 경쟁업체였던

세인즈버리를 제치고 업계 1위 자리에 오르고 세계 10위권에 포함되는 유통업체로 성장했다.

영국, 유럽, 아시아 사업부를 운영한다. 이 가운데 영국, 아일랜드, 태국, 말레이시아에서는 식료품 유통업계 1위 자리를 지키고 있다.

한국에는 1999년 삼성물산과 50대 50으로 공동 출자한 삼성테스코라는 합작 법인을 세워 진출하여 홈플러스라는 상호로 대형 할인마트를 설립해 국내 유통시장에 진출했다. 2008년 한국 까르푸를 인수했었던 이랜드 그룹으로부터 대형마트 홈에버를 매입했고, 2011년에는 삼성물산 지분 전량을 인수했다.

그러나 영국 본사의 분식회계 사실이 적발된 후 홈플러스를 매물로 올렸고, 2015년 10월에 사모펀드인 MBK 파트너스 컨소시엄에 홈플러스를 매각하고 한국에서 철수하였다.

앞에서 살펴본 것처럼 글로벌 Top 10 기업은 계속해서 미국에 기반을 둔 기업들이 압도적인 비중을 차지하고 있으며 신규 진입자는 없는 상태다.

월마트의 매출은 2위 사인 아마존과 3위 사인 코스트코와는 매출액에서 큰 차이를 내며 세계 최고의 리테일 회사임을 보여 주고 있다.

글로벌 Top 10은 전체 Top 25 유통 매출의 32.7%를 차지했으며 지속적으로 산업 내에서 더 큰 매출 점유율을 차지하는 추세다.

지역별 분석의 보면 글로벌 Top 250의 매출 비중은 대륙별로 북아메리카 47.1%로 국가는 미국이 45.2%로 대부분을 차지하고 있다.

유럽그룹은 33.4%이며 국가별로 독일 10.1%, 프랑스 6.3%, 영국 4.9% 기타 유럽국가 12.0%이다. 다음으로 아시아 태평양그룹은 16.2%

로 국가별로 일본이 6.7%, 중국, 홍콩이 4.7%, 기타 아시아 태평양국가 4.8%이다. 아프리카와 중동 그룹이 1.4%를 차지하고 있다.

글로벌 유통 강자 2021 자료를 더 살펴보면 가장 빠르게 성장하고 있는 유통기업 글로벌 Top 10으로 2013~2018년 연평균 성장률을 기준으로 보면 다음과 같다.[1]

가장 빠르게 성장한 Top 10 유통기업
FY2014-FY2019 연평균 성장률(CAGR)

성장률 순위	기업	Top 250 순위	국가	FY2019 유통매출 (USD 10억)	연평균 성장률
1	쿠팡 Coupang Corp.	189	한국	$5.7*	102.6%
2	릴라이언스 리테일 Reliance Retail Limited	53	인도	$20.4	55.1%
3	웨이페어 Wayfair Inc.	117	미국	$9.1	47.2%
4	모바일 월드 Mobile World Investment Corporation, MWG	235	베트남	$4.4	45.3%
5	징둥닷컴 JD.com, Inc	13	중국	$73.9	36.3%
6	A101 A101 Yeni Mağazacılık A.S	244	터키	$4.1*	35.0%
7	JD 스포츠패션 JD Sports Fashion Plc	141	영국	$7.6*	33.1%
8	브이아이피숍 홀딩스 Vipshop Holdings Limited	83	중국	$12.7	28.1%
9	액션 Action Nederland BV	187	네덜란드	$5.7	27.7%
10	잘란도 Zalando SE	149	독일	$7.3	24.0%

※ 총 평균 성장률: 2014-2019 회계연도 평균 성장률
※ 매출은 도매 및 소매 매출 포함   * 추정치

가장 빠르게 성장하고 있는 리테일 기업 Top 10
자료원: 딜로이트 글로벌 유통업 강자 2021 보고서

2021년에 처음 Top 250에 진입한 쿠팡이 가장 빠르게 성장한 Top

---

1 자료원: 딜로이트 글로벌 유통업 강자 2021 보고서

50 리스트에서 릴라이언스 리테일을 체치고 1위를 차지했다.

2014년부터 2019년 동안 가장 빠르게 성장하고 있는 50개사의 합계 연평균성장률은 19.1%로 글로벌 Top 250 전체(5.0%)보다 훨씬 높은 수치를 나타내고 있다.

이 기업들은 특히 전자상거래, 신규매장 오픈, 오프라인 매장의 공격적인 가격 결정 전략에 대한 집중과 배송설비 확대가 성장에 기여한 것으로 파악되었다.

기업	Top 250 순위	국가	주요업태	FY2019 유통 매출증가율
에실로룩소티카 EssilorLuxottica SA	157	이탈리아	의류/신발 전문	8.0%
센트럴 리테일 코퍼레이션 Central Retail Corporation Public Company Limited	176	태국	백화점	8.2%
쿠팡 Coupang Corp.	189	한국	무점포	62.1%
라오펑샹 Lao Feng Xiang Co., Ltd.老凤祥股份有限公司	198	중국	기타 전문	9.8%
하버 프레이트 툴스 Harbor Freight Tools USA, Inc.	210	미국	기타 전문	25.0%
호텔신라 Hotel Shilla Co.,Ltd	233	한국	기타 전문	22.8%
모바일 월드 Mobile World Investment Corporation, MWG	235	베트남	전자제품 전문	18.1%
HTM 그룹 HTM-Group	236	프랑스	전자제품 전문	11.4%
탑스포츠 인터내셔널 홀딩스 Topsports International Holdings Ltd	242	중국	기타 전문	0.7%
이랜드월드 E.Land World Co., Ltd.	243	한국	의류/신발 전문	-6.3%
치유안 리엔 Chyuan Lien Enterprise Co Ltd / PX Mart Co., Ltd.	247	대만	슈퍼마켓	5.0%
야오코 Yaoko Co., Ltd.	249	일본	슈퍼마켓	5.9%

Top 250 신규진입자_글로벌

자료원: 딜로이트 글로벌 유통업 강자 2021 보고서

글로벌 Top 250의 신규 진입자로는 9개 기업이며 아시아 태평양에 본사를 두고 있다.

에실로룩소티카, 센트럴 리테일 코퍼레이션, 탑 스포츠 3개 기업은 인수합병 및 분할로 Top 250에 진행했으며 한국과 베트남에 본사를 둔 쿠팡, 신라호텔, 모바일 월드가 유기적인 성장으로 Top 250에 처음 진입했다.

국내 기업은 총 8개 사가 Top 250에 진입한 것으로 확인되었다. 이마트와 롯데 쇼핑은 각각 62위와 65위를 기록했으며 오프라인 유통의 저성장에도 글로벌 Top 100위권을 유지했다.

나머지 기업으로 GS리테일 150위, 홈플러스 178위, 그리고 새로 진입한 쿠팡이 186위를 차지했다.

특히 쿠팡은 연평균 성장률이 102.6%로 가장 빠르게 성장을 하기도 했다.[2]

신세계는 203위로 면세점을 필두로 매출성장을 견인하고 있으나 코로나19 바이러스 지속적인 영향으로 타격이 크게 작용할 것이다. 호텔 신라 233위 그리고 마지막으로 이랜드 월드가 243위를 기록했다.

주목할 점은 글로벌 기업의 온라인 매출 비중의 상승세다. 아마존의 경우 온라인을 기반으로 해서 오프라인으로 영역을 넓혀간다면 나머지 기업들은 여전히 오프라인 매출이 높지만, 월마트나 코스트코의 경우 온라인 매출 확대를 위해 전략적 투자를 지속해서 하고 있으며 특히, 한국의 코스트코의 경우 쿠팡이나 신세계를 겨냥해서 온라인 배송시스템 구축에 박차를 가하고 있기도 하다.

---

2 자료원: 딜로이트 글로벌 유통업 강자 2021 보고서

2. 모바일 리테일의 변곡점

온라인 유통의 돌풍으로 미국의 거대 오프라인 유통업체들이 몰락의 길을 걷고 있다.

코로나가 발생한 2020년 이전부터 2017년에는 토이저러스가 2018년에는 백화점 체인 카슨스와 시어스가 뉴욕 법원에 파산 신청을 했다. 특히 토이저러스는 국내 롯데마트와 조인하여 구로점과 구리점에 입점하여 운영했던 기업으로 국내에서 철수한 이력이 있는 회사다.

시어스는 2017년 자사 브랜드인 K마트를 포함해 381개 매장의 문을 닫았으나 결국 몇 년에 걸친 마이너스 성장세를 극복하지 못했다.

대형 백화점인 메이시스(Macy's)는 2017년 전체 매장의 15%인 68개가 철수하고, 약 1만여 명의 직원을 감축했다.

전자제품 판매점으로 유명했던 라디오 쉑(Radio Shack)도 2017년 1,600여 개의 매장을 폐쇄하고 파산보호를 신청했다.

처음 팬데믹이 시작된 2020년의 경우 리서치업체 코어사이트 리서치(Coresight Research)는 25,000여 개의 소매점이 문을 닫을 것으로 전망하기도 했다. 이는 2019년 기록한 9,832개의 배 이상이다.

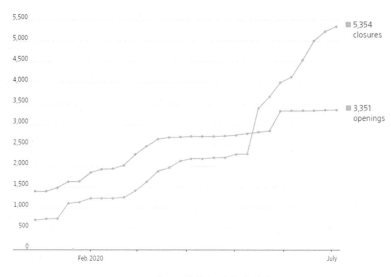

2020년 1~7월 철수 매장 및 개점

자료원: Wall Street Journal

특히, 가장 많은 매장이 문을 닫은 시장은 가정용 가구 업계다. 미국 최대 가구 브랜드 중 하나인 피어1임포트(Pier1 Imports)가 2월 파산하면서 전국 936개 모든 매장의 폐점을 결정했다. 이밖에 투스데이모닝(Tuesday Morning), 아트 반 퍼니처(Art Van Furniture)도 각각 230개와 125개 매장을 정리했다. 하지만 가구점 오프라인 매장 폐점이 업계 침체를 의미하는 것은 아니다.

팬데믹 이전부터 운영난에 부딪힌 의류 소매업체들이 팬데믹으로 직격탄을 맞고 몸집 줄이기에 나섰다. 주 소비층인 밀레니얼 세대와 Z세대가 물질적 소비보다 경험적 소비에 지출을 늘리고, 새로운 온라인 스타트업 패션 브랜드들이 시장에 진입하면서 많은 기존의 의류 기업들이 어려움을 겪어 왔다.

미국 쇼핑몰에 수백 개의 매장을 운영하는 L브랜드의 빅토리아시크릿(Victoria's Secrete)과 갭(GAP)도 지속적으로 점포를 줄여나가고 있으며 토미힐피거(Tommy Hilfiger), DKNY, 캘빈 클라인(Calvin Klein) 등 유명 브랜드를 보유한 G-III 어패럴도 223개 점포를 폐점했다.

이 밖에 아동복 매장 칠드런스 플레이스(Children's Place)도 약 200개여 개 달하는 매장을 철수했다.

리테일에 가장 상위그룹에 있는 백화점도 사정은 비슷하다. D2C 브랜드들의 활약과 신규 온라인 쇼핑몰의 등장, 쇼핑몰 이용객 감소 등으로 고전해 온 백화점들이 코로나로 더 큰 어려움에 직면했다.

J.C.페니와 스테이지 스토어(Stage Store)가 2020년 5월 파산하면서 각각 169개와 34개 백화점을 닫았고, 미국의 대표적인 백화점 메이시스(Macy's)도 42개 점포를 폐점했다. 메이시스는 향후 3년간 전체 백화점 매장의 5분의 1을 철수한다는 계획이다.

이뿐만 아니라 레저용품, 의류, 완구전문점, 패션 액세서리, 악기, 신발, 타이어 유통업체 등 업종을 가리지 않고 많은 미국의 거대 오프라인 유통업체들이 소비자의 곁을 떠나야 하는 비운을 겪고 있다.

이러한 거대 오프라인 유통업체들의 몰락은 우리나라에서도 현재 진행형이다. 이미 각종 매체에 보도된 바와 같이 오프라인 유통의 양대 거두인 롯데쇼핑과 신세계가 부진한 실적을 더는 감당하지 못하고 구조조정의 칼을 빼 들게 되었다.

특히 롯데쇼핑의 경우, 전체 700여 개의 매장 중 200여 개의 매장을 폐쇄하겠다는 계획을 발표함으로써 전체 매장 가운데 약 30%를 줄이는 대대적인 구조조정에 돌입했다.

인터넷이 확산하면서 시작된 정보의 비대칭성 해소가 스마트폰이 등장하면서 더욱더 급격하게 진행됐다. 정보의 비대칭성 해소는 소비자들의 소비패턴 변화의 기폭제가 됐다.

특히, 저성장 시대는 어려운 경제 상황으로 인해 소비자들이 가성비와 착한 가격에 주목하게 만들었다. 그러나 가성비 및 착한 가격 경쟁에서 오프라인 유통은 온라인 유통의 적수가 되지 못했다. 또한, 온라인 쇼핑은 편리하기까지 하다. 쇼핑에 시간과 공간의 제약이 없으며, 원하는 상품을 원하는 장소와 시간에 정확하게 배송해 준다.[3]

오프라인 매장에서 시간을 들여 발품을 팔며 쇼핑하는 수고를 대체해 주는 것이다.

2016년 알리바바의 마윈 회장은 향후 10~20년이면 전자상거래라는 개념은 사라질 것이며 전자상거래와 오프라인 매장이 결합한 신 유통의 시대가 올 것이라고 선언했다. 즉 우리가 이미 알고 있는 옴니채널을 뛰어 넘어 새로운 유통채널의 탄생을 예고한 것이다. 그는 온, 오프라인을 결합한 미래형 소매유통 방식인 신 유통은 인공지능, 빅데이터, 사물인터넷을 활용해 사용자 상품의 데이터 수집과 분석을 결합함으로써 운영 효율 및 사용자 경험이 개선되고 상품의 생산, 유통, 판매가 고도화되는 시스템이라고 말한다.

과거의 리테일이 월마트 같은 오프라인 리테일에 집중된 방식이었다면 신 유통은 아마존이나 알리바바처럼 소비자 체험 중심의 데이터를 보유한 기업이 주도권을 쥐게 된다는 것이다.

이러한 일련의 현상들은 리테일 산업의 붕괴를 의미한다기보다는 구

---

3 4차 산업혁명과 오프라인 유통의 미래, 스타트업 뉴스 투데이, 2020.4.

조적 변화 속에서 새로운 사업 기회가 끊임없이 생겨나고 있으며 이를 선점하기 위한 무한 경쟁이 시작된 것이라고 말할 수 있다.

따라서 향후 오프라인 점포가 몰락할 것인가? 온라인 쇼핑은 성장을 이어갈 것인가에 대한 논쟁은 더 이상 의미가 없어 보인다.

양쪽 모두 그 경계를 허물며 새로운 리테일 플랫폼을 구축해 가고 있기 때문이다.

글로벌 온·오프라인 리테일 매출 비중의 변화
자료원: 유로모니터 인터내셔널 2020년 1월 발표, 한국무역협회

글로벌 리테일 환경에서의 스마트폰과 5G 인터넷의 확장으로 온라인 선호가 두드러지게 되었다. 유로 모니터 인터내셔널이 2019년 보고서에 따르면 온라인 리테일은 2022년까지 글로벌 전체 매출의 17.4%를 차지하며 가장 큰 리테일 채널이 될 것으로 전망했다.

2024년이 되면 그 비율은 19.4%로 증가할 것이다. 이에 2020년 코로나바이러스 출현은 더욱 큰 변곡점 역할을 하여 언택트 시대를 촉발하게 되었고 이로 인한 소비자 트렌드의 급격한 변화와 온라인과 모바일의 이동이 엄청난 속도로 일어나고 있으며 백화점과 대형마트 같은 오프라인 매장들의 노력에도 불구하고 떠나가는 소비자를 붙잡기에는 한계가 발생하는 상황이 된 것이다.

이처럼 팬데믹이 소비시장에 끼친 영향이 가장 두드러지는 것은 바로 온라인 쇼핑의 급성장이다.

코로나의 발생으로 오프라인에서 온라인으로 급속한 구매패턴 전환이 되었고 새로운 일상으로 자리를 잡을 수 있도록 한 가장 강력한 추진체가 되었다.

투자 은행 UBS는 온라인 쇼핑 전환으로 오는 2025년까지 약 10만 개의 오프라인 매장이 문을 닫을 것이라고 전망하였다.

< 2019~2025년 폐점 소매 매장수 전망 >

산업분류	2019~2025년 폐점 매장수 전망치	전체 매장 대비 폐점률
문구·사무용품	3,630	50%
가전제품	12,490	28%
운동기구	6,210	27%
가정용 가구	11,280	24%
의류·액세서리	23,940	20%
백화점·잡화점	7,160	11%
주택개조	3,350	5%
자동차 부품	600	1%

주 : 전체 매장 대비 폐점률에서 전체 매장수는 2019년을 기준으로 함.
자료원 : UBS(2020.4)

미국 온라인 식료품 시장은 높은 성장세를 유지하며 2016년 120억 달러 규모에서 2018년 260억 달러로 두 배 이상 성장했다. 코로나는 온라인 구입이 익숙하지 않은 소비층에까지 영향을 미치고 점차 일반화될 것으로 예상함에 따라 2020년 온라인 식품시장은 510억 달러로 급증하고 2023년에는 1,170억 달러에 이를 것으로 전망했다.

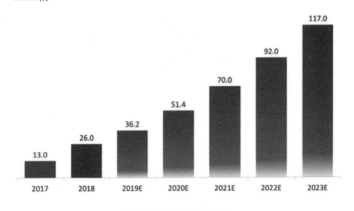

Online Grocery Market Forecast
Billions ($)

2017	2018	2019E	2020E	2021E	2022E	2023E
13.0	26.0	36.2	51.4	70.0	92.0	117.0

온라인 식료품 시장전망
자료원: www.insider.com/asia, 한국농수산식품유통공사 지구촌리포트 98호(2020.6.)

이는 소비패턴 변화에 따라 온라인 주문을 위한 모바일 애플리케이션의 사용량도 급증했는데 특히 당일 배송 서비스 업체인 인스타카트(Instacart), 쉽트(Ship) 등의 2~3월 중순 기간 일 평균 앱 다운로드는 각각 218%, 124% 증가했다. 월마트는 3월 1일부터 20일 사이에 온라인 식료품 주문 웹사이트 방문객이 110만 명에 달해 2개월 전 하루 평균에서 55% 증가했으며 특히 월마트 그로서리 앱은 하루평균 다운로드가 2020년 1월과 비교해 460% 증가한 것으로 나타났다.

수요가 폭등으로 여러 문제도 나타났으며 주문 폭주로 네트워크 과부하, 인력부족 등으로 인한 주문 취소 및 배달 지연 등이 차질이 발생했다.

아마존프레시는 한때 수용증가와 재고문제로 배송이 일시적으로 불가능할 수 있다는 내용의 공지문을 올리기도 했으며 2시간 내 배송 서비스였던 인스타카트도 현재의 배송 가능 날까지 일주일에서 열흘 이상씩 걸리고 있으며 월마트 그로서리 등 픽업서비스 역시 픽업 가능 시간 예약이 금방 완료되기 때문에 서비스 이용이 어려운 상태였던 적도 있다. 이런 수요 증가로 아마존 10만 명, 인스타카트는 3개월간 30만 명가량 직원 추가 고용 계획을 밝히기도 했다.[4]

미국 내 온라인 식료품을 배달 및 픽업서비스 제공하는 주요 기업은 다음과 같다.

1) 월마트(grocery.walmart.com)

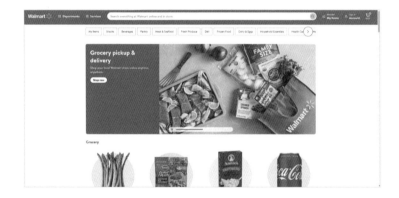

미국 내 온라인 매출 선두 기업으로 미국 내 4,700여 개 매장을 보유하고 있으며 온·오프라인을 넘나드는 옴니채널이 강점이고 픽업 서비스로 아마존과 차별화를 꾀하고 있다.

---

4 aT지구촌리포트 _ 미국, 코로나19로 인한 온라인 시장 성장세

2) 아마존프레쉬(www.amazon.com)

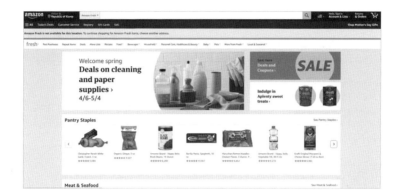

2019년부터 아마존 프라임 고객은 프레쉬 별도 요금 14.99달러를 제외했으며 홀푸드마켓 식품 구입이 가능하다. 주로, 그로서리 쇼핑에 해당하는 음식으로 채소, 고기, 유제품, 과일, 빵 등 관련 혹은 생활용품을 배달하는 서비스다.

3) 인스타카트(www.instacart.com)

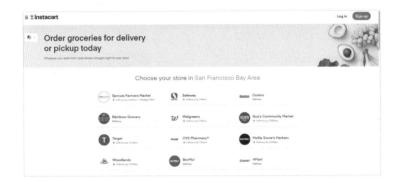

2012년 실리콘밸리 지역 신선식품 구매대행 배달 스타트업으로 시작해서 풀서비스샤퍼(Full-service shopper)가 직접 쇼핑해 집까지 배달하며 북미 5,500여 개 도시 25,000개 매장과 제휴를 맺고 운영 중이다.

4) 크로거

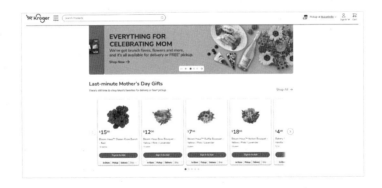

2017년부터 온라인 판매를 강화했으며 아마존, 월마트와 경쟁하기

위해 자율주행차 스타트업과 제휴를 맺었고 일부 지역에서 자율주행차 배달 서비스를 시작했다.

코로나를 계기로 완만한 성장세를 이어 온 온라인 식품 산업 성장에 가속이 붙을 것으로 예상한다.

컨설팅업체인 Bain&Company는 코로나 팬데믹 이전 식품 소매 판에서 온라인이 차지하는 비중은 3~4% 정도에 불과했으나 코로나 이후 이 비율은 10~15%로 큰 폭으로 성장했으며 위기 상황이 일단락된 후에도 이 비율은 5~10%대를 유지할 것으로 전망했다.

한국의 리테일 환경도 마찬가지로 글로벌 환경의 변화와 큰 차이를 보이지 않는다.

산업통상자원부의 보도자료에 따르면 2021년 11월 기준으로 온라인 매출이 지속해서 증가하고 있으나, 이외 오프라인 업태 비중은 감소한 것으로 집계되었다.

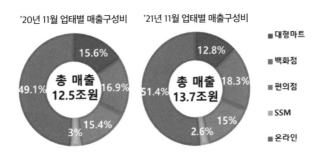

2020년 vs. 2021년 11월 업태별 매출구성비
자료원: 산업통상자원부 보도자료

위 통계 자료를 보면 2021년 기준으로 한국의 업태별 매출은 온라인 판매중개와 온라인 판매를 합해 50.4%로 2020년 49.1%로 대비 약 1.3% 성장률을 기록하였다. 온라인 매출의 비중은 해마다 증가하고 있으며 다른 채널과 비교하여 현재 제1채널의 비중을 자리 잡고 있다.

오프라인 유통의 대표주자인 롯데와 신세계는 이런 소비 트렌드의 추세 변화를 감지하고 온라인 사업을 강화하고 있다. 롯데는 2018년도에 향후 5년간 3조 원을 온라인 사업에 투자한다고 발표했다.

롯데는 2022년에는 온라인 매출 20조 원을 달성해 오프라인뿐만 아니라 온라인까지 국내 1위 사업자 자리를 차지하겠다는 비전을 밝혔다.

롯데보다 한발 앞서 1997년부터 온라인 사업을 시작한 신세계그룹은 선도자로서의 위치를 굳건히 하기 위해 2018년 이커머스 사업에 1조 원 이상의 해외 사모펀드 투자를 유치할 예정이며 별도의 전담 회사를 설립할 계획도 밝혔다. 신세계 그룹의 통합 온라인 쇼핑몰 SSG닷컴은 빠른 속도로 성장해 2015년 통합 당시 약 1조 원이던 매출이 2017년에는 2조 원까지 성장했으며 2018년 분기에는 첫 흑자 전환에 성공했다.

특히, 전략을 바탕으로 2021년 6월 말 지마켓과 이베이 등을 운영하는 이베이코리아 지분 약 80.01%를 총 3조 4,404억 원에 취득하는 계약을 맺고 인수를 완료했다. 신세계그룹의 국내 온라인 쇼핑 시장의 점유율은 SSG닷컴 3%와 이베이코리아 12%를 더해 15%까지 올라간다. 이에 따라 네이버 쇼핑(17%), 쿠팡(13%)과의 경쟁이 더 가속화될 것으로 전망된다. 통계청이 발표한 2020년 12월 및 연간 온라인 쇼핑 동향 자료를 보면 지난해 온라인 쇼핑 거래액은 161조 1,234억 원을 기록했다. 2019년의 135조 2,640억 원보다 19.1% 증가한 규모다. 이러한 온라인 유통시장은 최근 순수 온라인 쿠팡과 식품 온라인 이마트, 온라인 플랫폼 네이버의 3강 체제로 재편되고 있다.

① 네이버

국내 온라인 유통시장이 재편되는 과정에서 생겨난 네이버 쇼핑은 유통 플랫폼 업체로서 확고한 지위를 자리 잡고자 막대한 자원을 투입하고 있다.

네이버 쇼핑은 고객과 판매자를 절대적인 충성고객으로 만들기 위해 부단히 노력하고 있다.

쿠팡과 같은 온라인 쇼핑 1위 업체가 시장 재편을 해도 이런 고객들은 쿠팡에서 사더라도 쿠팡 사이트에서 직접 사는 게 아니라 네이버를 통해 쿠팡 사이트에 접속하도록 유도하고자 하는 것이다.

그러나 네이버 쇼핑의 가장 큰 한계는 플랫폼 사업자이기 때문에 물류와 배송 인프라가 없다는 것이다. 직매입을 통해 수도권 인근에 대규모 물류기지를 확보한 대형 리테일사나 쿠팡과 같이 풀필먼트를 보유한 온라인 기업보다 상품 배송 경쟁력이 떨어질 수밖에 없다.

이를 극복하기 위해 네이버는 얼마 전 CJ대한통운과 업무를 제휴했다. CJ대한통운 물류센터에 대형 벤더 상품을 보관하고 있다가 24시간 이내로 보내 주는 서비스다. 특히 소상공인과 중소 벤더 상품의 빠른 배송을 위해 네이버가 재고관리와 출고를 원스톱으로 해 주는 풀필먼트 사업도 시작했다.

이처럼 네이버는 플랫폼사업자이면서도 한편으로 리테일 기업을 보유한 물류시스템을 간접적으로 보유, 활용하여 그들만의 경쟁력을 만들기 위해 현재 끊임없이 투자를 하는 중이다.

이처럼 대형 리테일사를 비롯하여 소상공인, 온라인 플랫폼까지 모두 흡수할 수 있는 네이버쇼핑은 가장 큰 장점이 있다고 할 수 있다.

② SSG.Com

이마트는 국내 대형 오프라인 유통업체 가운데 사업구조를 가장 선진적으로 탈바꿈시키고 있는 회사로 평가된다.

특히 보유한 다양한 유통 채널로 PB(Private Brand, 노브랜드), 창고형 대형마트(트레이더스), 식품(이마트몰), 편의점(이마트24)과 더불어 온라인몰(이베이코리아)까지 품으면서 국내 리테일 시장을 선도하고 있다.

코로나가 극심했던 2021년에도 이마트의 오프라인 매장의 활용법이 눈에 띈다. 경쟁사 홈플러스, 롯데마트 등이 매장 축소 움직임을 보이는 반면 이마트는 신촌점을 개점했다. 이는 포스트 코로나 이후의 성장축을 미리 확보하고자 하는 전략으로 보인다.

현재 쓱 닷컴 매출의 절반이 이마트 몰이며 이마트 몰 매출의 50%가 PP(Picking-Packing)센터에서 발생하고 있다. PP센터는 기존 오프라인 매장 일부 공간을 온라인 배송기지로 리모델링한 곳이다.

애초에는 온라인 전용물류센터 용량(Capa) 증설이 지연되면서 임시방편 대응 전략이었는데 지금은 비용대비 효율성 측면이 우수하여 온라인 핵심 전략으로 자리매김하고 있다. 이는 기존의 홈플러스 점포별 온라인 GHS를 벤치마킹한 것으로 다른 기업의 장점을 잘 활용한 예다.

③ 쿠팡

2014년부터 익일 배송을 내세운 자체 배송 서비스 로켓배송을 도입했다. 전자상거래 업체가 다른 택배업체를 쓰지 않고 직접 고용하는 모델은 쿠팡이 최초라고 하며, 타 업체와 비교해 우월한 급여 조건과 친절도를 내세우고 있다.

이런 과감한 전략은 쿠팡을 막강한 대규모 바잉파워와 물류와 배송인프라, IT 기술 역량을 기반으로 국내 최대 온라인 유통 회사로 자리매김하고 있다. 특히 현재는 배송 인프라를 대형 풀필먼트 센터뿐만 아니라 각 거점 지역에 캠프라는 소규모 풀필먼트 센트를 활발히 개발하고 있으며 늘어나는 배송물량에 대처하고 있다.

특히 새벽 배송은 오전에 주문된 일반 물량을 당일 21시까지 배송한다. 쿠팡 플렉스 전용 배송 방식이며 보통 신선-주간 배송을 신청한 플렉서가 1~2회전을 하는 방식으로 먼저 물량을 가져가고 남은 물량을 백업 모집을 통해 배송시킨다. 이런 서비스는 고객을 충성고객으로 흡수하고 그들이 쿠팡맨에 열광할 정도로 높은 충성도를 지닌 고객층을 확보하는 계기가 되었다.

쿠팡의 바잉파워는 카테고리를 확대하고 원가율을 낮출 수 있는 근간이며 이로 인해 고객들에게 다른 리테일사보다 가격 경쟁력을 확보할 수 있는 도구가 되었다.

고객 입장에서 로켓배송·쿠팡 프레쉬는 저렴한 비용으로 당일 또는 익일 배송을 확정적으로 받을 수 있어 만족도가 높다. 시장점유율이 높아지고 쿠팡 사용빈도가 커질수록 로켓 와우는 '아마존 프라임'과 '월마트 플러스'와 같은 강력한 Lock-in 장치가 되고 있으며 편리한 사용자

인터페이스도 경쟁력으로 꼽힌다.[5]

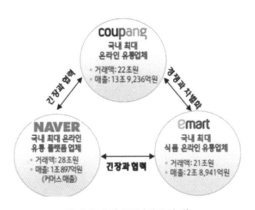

국내 온라인 유통 '삼국시대'
자료원: 2021, 각사, 하나 투자은행

이처럼 전문가들은 코로나 사태가 진정된 이후에도 소비자들의 쇼핑 습관이 영구적으로 바뀌는 데 상당한 영향을 미칠 것으로 전망하고 있다.

온라인 쇼핑은 이제 소비자들에게 가장 보편적인 소비 방식으로 자리 잡았으며, 이는 시간이 지날수록 발전하는 신기술에 힘입어 점점 더 성장할 것이다.

---

5   온라인 유통, '네이버-쿠팡-이마트' 삼국시대 예고_ 코스인 코리아닷컴

3. 언택트 리테일

언택트 리테일은 코로나로 인한 트렌드와 맞물려 온라인과 오프라인의 교집합에 자리 잡으면서 새로운 개념으로 진화하고 있다.

2016년 아마존(Amazon)이 컴퓨터 비전, 딥러닝 등을 활용하여 저스트 워크아웃(Just Walk Out)기술을 적용한 아마존 고(Amazon Go)를 오픈하면서 막연하기만 했던 언택트 리테일의 실체가 드러났다.

자료원: 아마존

아마존 고의 자동결제기술인 '저스트 워크 아웃(Just Walk Out)' 기술은 제품이 선반에 반입되거나 반품되는 시점을 자동으로 감지해 가상카트(virtual cart)로 추적하고 쇼핑 후 상점을 나가면 모바일 앱을 통해 영수증을 받고 아마존 계정에 청구되는 방식으로 운영한다.

쇼핑순서는 아마존 고 앱(App)을 다운로드하고 보유한 계정으로 로그인하면 QR코드가 생성되는데, 이걸 개찰구 앞 바코드 리더기에 인식하면 문이 열리면서 입장할 수 있다.

이용자가 앱(App)으로 인증하고 매장에 들어서면 고객 개개인의 동선을 실시간으로 인식하고, 개별 인증된 이용자가 손에 쥔 물품을 개별 장바구니에 자동으로 추가하면서 결제가 마무리되는 구조이다.

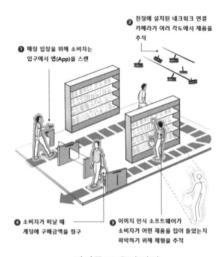

아마존 고 운영 방식

자료원: 월스트리트저널

매장 곳곳에 진열된 물품들 위에는 카메라가 장착되어 있다. 단일 레일을 이동할 수 있어 소비자가 물품을 집어 들면 카메라가 이를 인식하고 장바구니에 자동으로 입력되는 알고리즘이다.

아마존은 매장 내 비치된 카메라가 사용자의 행동으로 물건을 집어 들면 1차로 인식하고, 이를 게이트 밖으로 나갔을 때 물품을 구매한 것으로 간주하며 자동으로 결제되는 시스템을 구현한 셈이다.

'아마존 고'의 첫 매장은 2016년 12월 아마존 시애틀 본사 내 직원용 매장으로 공개됐는데 여러 기술적 문제를 해결 후 2018년 1월 일반인을 대상으로 확대했다.

2018년 8월과 9월에 시애틀 내에 2개 매장을 추가 개점한 데 이어 2018년 9월 시애틀 이외 지역의 최초 매장인 시카고점을 개점했다. 2021년 기준 시애틀에 5개 매장, 샌프란시스코에 4개 매장, 뉴욕에 8개 매장, 시카고에 7개 매장 등 모두 29개의 매장을 운영하고 있다.

아마존은 향후 영국 등에 아마존 고 기술을 적용한 무인 식료품점 30곳을 추가로 개설할 계획을 하고 있다.

지역	지역 내 첫 매장 개점일	매장 수
Seattle, WA	2018년 1월	7
Chicago, IL	2018년 9월	7
San Francisco, CA	2018년 10월	4
New York, NY	2019년 5월	8

미국 내 아마존 고(Amazon Go) 운영현황
자료원: amazon.com, 자체편집

2020년 초 시애틀에 오픈한 아마존 고 그로서리(Amazon Go Grocery)는 그동안 소형 매장 아마존 고(Amazon Go)에 적용했던 계산대 없는 기술을 대형 식료품점에 확대 적용한 것이다.

아마존 고 그로서리는 수많은 카메라, 진열대 센서, 소프트웨어를 사용해 쇼핑객들이 유기농 식품, 와인 등 다양한 상품을 담은 다음 스캔하거나 계산대에서 돈을 지불할 필요 없이 바로 출구로 나갈 수 있다.

최종적으로 고객들이 매장을 나가면 스마트폰 앱을 통해 자동으로 고객 계좌로 대금이 청구된다.

고객 입장, 상품 인식, 비용 계산, 결제청구, 결제 승인 등 일련의 과정이 모두 자동으로 처리는 되는 완전한 무인점포인 것이다. 물론 주류 등 신분확인이 필요한 부분은 별도의 보완 시스템이 필요하다.

아마존은 2018년부터 아마존 고라는 소형 무인 편의점을 운영해 왔지만, 카메라 기술과 알고리즘 기술의 발전으로 이번에 약 1만 400제곱피트(약 292평)의 대형 매장을 구축하였다.

아마존 고 그로서리 매장은 기존의 아마존 고 매장보다 약 5배 더 큰 규모이다.

아마존 고 그로서리
자료원: Geekwire

아마존의 무인 매장 시도는 다른 대형 소매업체들과 기술 스타트업들이 스마트 쇼핑 카트 등과 같은 새로운 기술을 탐구하도록 하는 계기가 되기도 했다.

한국의 경우도 2021년에 롯데마트가 '한국판 아마존 고(Amazon Go)'를 표방하는 비대면 스마트 결제 시스템 '롯데마트 GO(고)'를 출시하기도 했다. 그러나 무인 매장이 고객들에게는 인기가 있을지 몰라도 전형적으로 수익이 낮은 업종에서 이 기술을 구축하는 비용을 투자할 가치가 있는지에 대해서는 의문이 제기되기도 한다. 무인 매장 기술 공급업체들에 따르면 이 시스템을 설치하고 유지하는 비용으로 수백만 달러가 들 것으로 예상한다.

아마존 고는 전 세계의 시선을 끌면서 오프라인 리테일의 미래로 받아들여졌다. 왜냐하면, 처음 등장한 RFID태그나 전자가격표시기(ESL)도 처음에는 높은 가격으로 리테일 매장에 적용이 어려웠지만, 지금은 많은 기업에서 이 기술을 적극적으로 도입하고 있다. 물론 아직도 초기투자비는 많이 들지만 인건비 상승과 작업시간 감소에 따른 생산성 향상의 이익이 예전보다는 높아졌으며 이로 인해 투자 회수 기간이 빨라진 점이 반영된 결과다.

무인 시스템과 모바일 결제에 관심이 많던 중국 기업들이 가장 적극적으로 무인 매장을 도입하기 시작했다.

중국 전역에서 다양한 형태의 언택트 형태의 사업들이 나타나고 있다. 중국 서부지역에서도 다양한 형태의 언택트 유통매장 즉 다양한 형태의 무인 판매기와 무인 매장 등이 늘어나고 있으며, 특히 무인 편의점이 새로운 트렌드로 주목받고 있다. 무인 편의점은 기존 편의점과 비교해서 매장의 규모는 작아졌으나, 빅데이터를 토대로 매장이 위치한 지역에 최적화된 상품으로 매장을 구성하여 24시간 무인 자동화 매장으로 운영되는 새로운 트렌드의 편의점 중 하나다.

코로나로 인해 도래한 언택트 시대에 가장 최적화된 중국 서부지역의 무인 편의점은 키오스크, 모바일 결제 등의 사용에 익숙한 10~30대의 젊은 층이 주 고객 연령대이다.

매장 대부분이 15~50제곱미터 이내의 소규모 점포로 구성되어 있으며 매장 위치에 따라 다양하게 특화된 품목을 위주로 하여 대략 500~1,000여 개 품목의 상품을 판매하고 있다.

최근 몇 년 전부터 중국에서는 샤오마이 편의점, 샤오e웨이점, 이스허즈, 24 아이고, F5 웨이라이상뎬, EasyGo, TakeGo 등 다양한 무인 편의점 프랜차이즈 등이 생겨나고 있다.[6]

일본 또한 최근 점포의 무인화가 주목을 받고 있다. 언택트 수요 증가와 일손 부족으로 IoT, AI 등 첨단기술의 발전으로 기술의 보급이 가능해지면서 매장 내 도입이 늘어나고 있기 때문이다.

편의점, 대형마트 등 기존 식료품점뿐만 아니라 의류업체, 숙박업소 등 다양한 분야에서 무인화의 수요가 늘어나고 있다.

현재 일본 내 존재하는 대부분 무인점포는 현존 무인점포 중 가장 완전한 형태의 무인점포로 알려진 미국의 Amazon GO와 비교했을 때 Selfridge 종업원의 개입이 전혀 없는 무인점포 수준까지는 이르지 않고 있다. 일본에서 활용되는 무인점포 기술의 핵심은 카메라와 센서다. 고객이 가게에 입장하면 가게 내부에 배치한 무수히 많은 카메라와 센서가 고객의 움직임을 관찰한다. 고객이 물건을 고르면 RFID, QR코드 등의 기술을 통해 재고 현황을 업데이트한다. 결제 과정에는 캐시리스 등의 기술을 활용해 고객 스스로가 결제하는 셀프레지 형태가 주를 이룬다. 점포 직원은 바구니와 봉투를 보충하거나 재고를 확인하고 무인 결제 시스템 이용을 어려워하는 일부 고령층 등에 대응하는 일을 한다.

후쿠오카시 히가시구에 본사를 둔 대형마트 업체 TRIAL은 후쿠오카시 아일랜드시티 점포에 무인화 기술을 도입했으며 이처럼 일본 편의

---

6 언택트 시대 새롭게 주목받고 있는 중국 무인편의점 트렌드_코트라 트렌드. 2020.9.

점 업계에도 무인화 바람이 불고 있다.

일본 훼미리마트는 2024년 3월부터 2025년 2월 말까지 무인점포를 약 1천 개 설치한다고 보도했다.

이러한 소형 무인점포 비즈니스를 시작하게 된 배경에는 업계 내 경쟁 심화에 따른 신사업 발굴 필요성과 비용 절감에 있다.

일본 내에서도 언택트 수요 증가, 일손부족 문제 등의 요구에 힘입어 이처럼 무인점포 도입이 점차 늘어날 것으로 전망된다. 지금까지의 무인점포는 기술적인 제약으로 인해 유인 점포의 보조수단으로 사용하거나 비교적 소규모 매장에서 음료, 스낵 등 제한적인 품목만을 취급하는 방식이 주를 이뤘지만, 앞으로는 유인 결제와 무인 결제 시스템의 위상이 역전된 방식으로 점차 트렌드의 무게중심이 이동할 것으로 전망된다. 국내에서는 이마트24 김포DC점은 2019년 9월에 신세계 그룹의 IT 서비스 자회사인 신세계 I&C 데이터센터 건물에 오픈했다.

이마트24 김포DC점
자료원: 신세계아이앤씨

저스트 픽 앤 고(Just Pick & Go)를 표방하는 이곳에 출입하기 위해서는 SSG페이 애플리케이션에 결제 카드를 등록한 후 출입 QR코드를 발급받아야 한다.

QR코드를 게이트에 태그하면 매장에 체크인할 수 있다. 이곳도 아마존고와 마찬가지로 컴퓨터 비전, 딥러닝, 센서 퓨전, 인공지능 등의 기술을 활용하여 고객이 선택한 상품을 파악하고 자동으로 결제되도록 구현했다.

매장 천장에 촘촘하게 설치된 카메라가 고객의 동선을 추적하고 상품이 이동하는 것도 감지한다.

상품 진열대에는 무게를 감지하는 센서가 설치되어 있어 15g 이상의 무게 변화가 감지되면 진열대에서 제품이 판매된 것으로 인식한다. 첨단 기술이 도입된 미래형 매장을 선보였지만 아직 완전 무인으로 운영되지는 않는다. 계산해 주는 점원 역할만 없어졌을 뿐 매장 입장 안내, 재고 및 시설 관리를 위한 담당자가 매장에 상주했지만 계속된 점포운영 기술과 기술개발을 통해서 2021년에도 이마트 24는 스타필드 코엑스몰에 완전 스마트 점포를 선보였다.

이마트 24 스타필드 코엑스몰
자료원: 이마트24

이처럼 오프라인 리테일에서의 언택트는 어떤 형태든 '모든 정보가 디지털화되어 있어야 한다'라는 전제가 필요하다. 검색, 상품 위치, 재고, 판매량 등 매장과 상품에 대한 모든 정보에 대해서 말이다.

또한, 대면 서비스를 완벽히 대체하려면 고객의 상품 구매를 도와줄 정보성 콘텐츠 역시 디지털로 제공되어야 한다. 단순 상품 정보가 아닌, 홈쇼핑이나 온라인 커머스, 유튜브 크리에이터들이 제공하는 수준의 콘텐츠가 필요하다. 오프라인 리테일도 이러한 콘텐츠를 확보하여 유지하고, 매장에서 제공할 수 있어야 한다. 그게 시대의 흐름이다.

많은 전문가가 코로나19 이전의 세상은 다시 돌아오지 않을 것이라고 한다. 이를 산업 관점에서 재해석하면 비대면은 선택의 문제가 아니라고 할 수 있다. 하지만 소비자는 여전히 제품을 만져 보고 비교해 가며 구매하길 원한다. 이율배반적이라고 할 수 있지만, 그것이 이제까지 우리가 살아온 방식이기 때문에 한순간에 바꾸기는 쉽지 않을 것이다.

이와 같은 고객의 니즈에 부합하기 위해 우리는 무인 매장과 채널 통합적인 고객 경험이 앞으로 어떻게 바뀔지 주목할 필요가 있다.

또한, 아마존 GO의 전개속도는 막대한 초기투자비로 인해 비용 대비 효율이라는 측면을 무시할 수 없는 현실이다. 이는 국내 리테일 기업에서도 공통으로 고민해야 할 점으로 기업은 항상 이익 측면을 고려할 수밖에 없다. 따라서 전개 속도는 조금 더딜지라도 끊임없는 도전과 기술 개발을 통해서 최종적으로 고객 요구를 충족시키고 점진적으로 미래 리테일 점포를 구축할 것으로 예상한다.

4. 뉴노멀과 Z세대

뉴노멀이란 경제, 사회 등이 위기 이후 정착한 상태다. 이 용어는 제1차 세계 대전, 2007~2008년 금융 위기, 9월 11일 공격, 2008~2012년 세계 경기 침체의 여파, 그리고 현재 코로나 유행으로 사용되고 있다.

코로나로 인해 소비자들이 가정에서 머무는 시간이 증가하면서 새로운 브랜드, 제품, 산업이 급격히 성장하고 있다.

온라인게임, 스트리밍 서비스와 함께 밀키트도 코로나 팬데믹을 계기로 성장한 산업 중 하나다.

미국시장조사기관 코어사이트 리서치(Coresight Research)의 최신 보고서에 따르면 밀키트 시장이 팬데믹으로 촉발된 판매 급증 이후 현재 감소하고 있지만, 미국 전체 식료품 시장을 능가할 것으로 예상한다. 해당 보고서는 미국 밀키트 시장 성장률이 지난 2020년 70%에 달한 것과 비교해 2021년에는 18.2%로 떨어질 것으로 예측했다.

구글 등 미국 대기업들이 지속해서 재택근무 연장을 확정하거나 영구적 재택근무를 선택하는 기업도 많아지고 있어 가정에서의 요리 증가는 일시적 트렌드에 그치지 않고 앞으로도 계속 이어질 전망이다.

소비자가 집에서 더 많이 요리할수록 소비자의 요구를 충족시킬 제품과 서비스에 대한 수요가 더 증가하는 것을 의미한다.

코로나와 맞물려 확산하는 언택트(Untact) 문화이지만 그 이전부터 중소 요식업계와 젊은 층 사이에서 언택트 서비스는 서서히 확장하고 있었다.[7]

그런데 2020년 초 발생한 코로나 때문에 젊은 층에 한정적이던 언택트 서비스 수요층이 갑작스레 늘었다. 이에 따라 주 고객층이 언택트 서비스에 호의적이지 않아 언택트 서비스 확대를 망설이던 업종, 특히 대형마트나 백화점과 같은 대형 유통업체들도 이제 본격적으로 언택트 서비스 확대를 시행하게 되었다.

코로나는 2021년을 거쳐 현재까지 계속 이어지고 있으며 이는 기존 고객이 언택트 서비스에 적응하는데 충분한 시간이었다는 점에서 언택트 서비스 흐름은 추후 돌이키기 어려운 새로운 표준 '뉴노멀'이 될 것으로 판단한다.

뉴노멀 시대의 소비자의 행동변화는 애용해 오던 브랜드보다는 새로운 브랜드를 더 많이 접할 기회가 많아질 것이며 그동안 이용하지 않았던 새로운 웹사이트에서 생필품 쇼핑을 시작하고 이러한 행동 변화는

---

7 [박창현 담당의 리테일 테크] 언택트(Untact) 시대, 기술로 다 되는 게 아니다

포스트 코로나 시대에도 이어질 것으로 보인다.

유동인구가 많은 장소를 피하고 해외여행, 쇼핑몰 방문, 콘서트나 대규모 행사 참여 같은 대면 활동은 최소화할 것이며 디지털 라이프를 빠르게 채택하고 일상으로 안착할 전망이다.

< 코로나19 이후 소비자 행동 변화에 따른 미국 소비시장 구조 변화 전망 >

단기 수요 증가 (Works For Now)			수요이동 가속 (Accelerated Shifts)		
분야	이용증가율	지속이용	분야	이용증가율	지속이용
원격수업: 자녀	121%	34%	원격진료: 외과	193%	45%
원격진료: 정신과	105%	44%	화상회의: 업무	66%	45%
상점 커브사이드 픽업	97%	40%	온라인 식품 배달	53%	49%
식당 커브사이드 픽업	82%	33%	원격수업: 본인	49%	51%
화상채팅: 개인	54%	44%	온라인 피트니스	45%	62%
			틱톡	40%	54%
			온라인구매-매장픽업	40%	57%
식당 음식 배달	28%	39%	수요지속 (Potentially here to stay)		
			웰니스 앱	51%	78%
			디지털 운동기구	28%	66%
			밀키트	25%	59%
			E-스포츠 시청	20%	57%
			온라인 게임	10%	47%
			식당 드라이브 스루	8%	53%
			매장 셀프 계산대 이용	7%	76%
			온라인 스트리밍	6%	60%
			야외활동	6%	92%

코로나19 확산 이후 소비증가세 (높음 / 낮음)
낮음 — 코로나19 이후 지속 이용 의사 — 높음

5.11.~5.27. 18세 이상 성인 대상 설문조사
자료원: McKinsey

이처럼 소비자 행동은 소비자의 개인적 요인과 소비자가 처한 환경적 요인으로부터 크게 영향을 받는다. 코로나로 인한 대량해고로 소득 감소와 향후 경제의 불확실성으로 소비 위축이 장기간 이어질 가능성이 크며 특히 저학력, 저소득층이 실직으로 더 큰 경제적 충격을 받았으며 이는 소득 양극화를 심화시킬 가능성이 크며 통계적으로 현실이 되는 결과가 많이 발표되고 있다.

쇼핑에 있어 제품 및 서비스의 가성비를 중요하게 여기고 큰 할인 폭을 기대하는 소비자가 늘어나고 있다.

포스트 코로나 시대에 주목해야 할 주요 키워드는 언택트, 홈코노미, 웰니스, 컴포트 이코노미, 생활방역, 디지털화이며 우리 생활 속의 의식주, 여가의 방식에도 변화가 시작됐으며 이는 새로운 노멀(Normal)로 삶 속에 자리 잡을 것으로 예상한다.

이런 현상을 대표하는 몇 가지 상품 및 서비스를 서술하면 다음과 같다.

1) 라운지 웨어

모임과 이벤트가 줄어들고 재택근무, 원격수업이 보편화되면서 가정에서 보내는 시간 증가로 정장, 구두보다는 실내에서 편안하게 입을 수 있는 라운지 웨어나 잠옷, 간단한 외출이나 운동할 때 입을 수 있는 캐주얼의류 등의 강세가 지속될 것이다.

2) 온라인 식품점

코로나로 온라인으로 먹거리 쇼핑을 경험한 소비자들이 이러한 소비 형태를 지속할 가능성이 크며 소매점 자체 배달서비스, 배달 플랫폼, 밀키트 제품이 유망할 것이 예상된다.

3) IT기기

재택근무, 원격수업, 원격진료, 비디오 스트리밍 시청 등으로 온라인 사용량이 크게 늘면서 IT기기를 새로 구입하거나 업그레이드하려는 수요가 발생하고 컴퓨터와 주변기기, 와이파이, 스마트 TV 판매가 증가할 것이다.

4) 운동기기

실내 피트니스 센터 대신 가정이나 야외에서 운동을 즐기는 인구의 증가로 서브스크립션 방식의 홈트레이닝 콘텐츠, 실내용 운동기기, 자전거, 배드민턴 채 같은 야외용 운동용품 등 인기가 높아질 것이다.

5) 수면보조제

팬데믹과 그로 인한 변화, 경기 침체 등으로 인한 불안감이 불면증으로 이어지면서 숙면 요구가 확대되고 복용하는 숙면 보조제나 숙면을 돕는 소프트웨어, 앱, 침구류, 슬립 테크가 적용된 제품 등이 유망상품으로 주목받을 것이다.

6) 스토어 브랜드 제품

대량해고와 감봉 등으로 인한 소득감소, 코로나19로 인한 경기침체의 장기화 불안감 등으로 씀씀이를 줄이고 보수적으로 지출하는 경향이 커지면서 비싼 내셔널브랜드 제품 대신 가성비 높은 스토어 브랜드의 인기가 확대될 것이다.

이러한 변화와 함께 비즈니스 환경 또한 급격한 변화의 시기를 맞고 있으며 재택근무확대, 유통망 재편, 소매판매의 온라인 채널 쏠림 현상 등 단시간 내에 빠른 변화가 일어나고 있다.

비즈니스 관계에서도 화상회의, 전자메일, 버추얼 B2B 전시, 상담 활용도가 높아질 것으로 예상되며 불필요한 출장이나 대면 접촉은 최소화되고 신뢰할 수 있는 최신 데이터를 디지털화된 시스템을 통해 확인하고 이를 근거로 비즈니스 의사결정을 내리기를 원할 것이다.

소비자의 행동 변화에 따른 수요 변화를 파악하고 적절한 대응 전략을 수립할 필요성이 확대되고 있으며 특히 포스트 코로나 시대와 4차 산업혁명과 함께 생활할 Z세대의 소비 행동 변화에 더욱더 많은 연구가 필요하다.

소비 트렌드의 변화를 주도하고 있는 세대는 밀레니얼과 Z세대다. '경험적 소비'를 지향하는 두 세대는 과거의 다른 세대보다 합리적이고 도덕적인 소비 성향을 보인다.

밀레니엄 세대는 1980년대 초부터 2000년대 초 사이에 출생한 세대를, Z세대는 1995년 이후부터 2000년대 초 사이에 태어난 세대를 뜻한다. 두 세대 모두 '디지털 원주민'이라는 별칭을 지닐 정도로 IT 기기와 친숙하다는 특징을 지닌다.

이 때문에 물건을 직접 구매하는 방식보다 빌리거나, 중고제품을 택하는 비율이 높으며, 조금 비싸다 하더라도 친환경적인 제품을 선호하는 경향이 있다. 이로 인해 기업 또한 마케팅 전략에 이들의 입맛에 맞춘 변화를 기하고 있다.

Z세대의 소비 행태와 가치관을 엿볼 수 있는 흥미로운 조사 결과가

있다.

미국 여론조사기관인 모닝 컨설트(Morning Consult)가 발표한 'Z세대가 가장 사랑하는 브랜드 TOP 50'이다.[8]

미국의 18~21세, 1,000명을 대상으로 2020년 3개월에 걸쳐서 실시한 온라인 설문조사 결과로, 호감도, 신뢰도, 커뮤니티 영향력 및 Net Promoter Score를 측정한 값으로 순위를 매겼다.

이번 조사 결과는 Z세대들의 관념이 기존 세대와 어떻게 다른지를 보여 주는 사례다. 그렇다면 Z세대로부터 가장 사랑받는 의류 브랜드는 어느 곳일까? 아쉽게도 TOP 50중 14위(239.0점)에 오른 '나이키(Nike)'가 유일했다.

리테일러는 4위 아마존(258.3점)과 7위 타겟(255.1점), 18위 월마트(232.2), 32위 달러 트리(223.5점) 등 총 4개 브랜드가 이름을 올렸다.

이외에도 'Z세대가 가장 사랑하는 TOP 25 브랜드'로는 월마트(7위), 타겟(8위), 나이키(12위), 달러트리(19위)이며 'Z세대 여성들이 가장 사랑하는 TOP 20 브랜드로'는 아마존(5위), 타겟(6위), 달러트리(7위), 나이키(11위), 반스(18위) 순으로 집계됐다.

'Z세대 보수주의자들이 가장 사랑하는 TOP 20 브랜드'로는 월마트(5위), 아마존(6위), 아디다스(9위), 나이키(14위) 순으로 집계됐다. 마지막으로 'Z세대 미국인 중 도시 거주자가 가장 사랑하는 TOP 20 브랜드'로는 나이키(5위), 아마존(6위), 월마트(11위), 타겟(18위), 달러트리(19위) 순으로 집계됐다.

즉 지금 당장 유용하거나 흥미로운 경험을 주는 브랜드를 좋아할 수

---

8 모닝 컨설트(Morning Consult Z세대 보고서): 2020년 가장 사랑하는 브랜드 TOP 50

있지만 새로운 브랜드가 나타나면 얼마든지 갈아탈 수 있다는 의미다.

바꾸어 말하면 Z세대가 새로운 경험과 가치를 계속해서 두기 때문에 그 브랜드를 좋아하는 것이지, Z세대가 아무런 의미 없이 좋아하는 브랜드이기 때문에 계속 좋아하진 않는다는 의미다.

Z세대의 또 다른 특징 중 하나는 신념이다. 소비를 통해 자신의 신념을 드러내는 미닝아웃(Meaning Out) 속성이 있다. 단적으로 코로나 대유행과 조지 플로이드 사망 사건 전후인 2020년 3월과 8월 비교 시 Z세대는 예전보다 현지에서 생산하거나 흑인, 소수자가 운영하는 회사의 제품을 더 많이 구매했다고 답했다.

실제 Z세대는 기업이 사회문제에 책임감 있는 태도를 행동으로 보여줘야 한다고 요구한다. 이것이 소비의 기준이라는 이야기다.

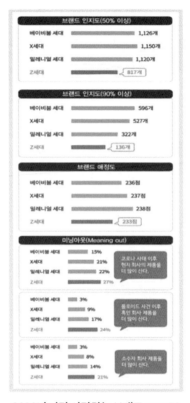

2020년 가장 사랑하는 브랜드 TOP 50
자료원: 모닝컨설트(Morning Consult Z세대 보고서)

설문조사에서도 기업은 정치사회 문제 해결에 영향력을 행사해야 한다는 물음에 65%가 그렇다고 답했다. 기업이 인종차별에 대해 어떻게 대처하는지가 나의 구매에 영구적으로 영향을 미칠 것이라는 질문에 64%가 그렇다고 답했다.

Z세대 소비형태를 분석해 보면 소셜 인플루언서의 영향이 확대되고 있다. Z세대의 98%가 스마트폰을 보유하고 있으며 Z세대의 약 54%가 첫 휴대전화로 스마트폰을 사용하고 있다.

최근 Awesomeness and Trendera의 조사 자료에 의하면 평범한 13세에서 17세 사이의 Z세대 청소년은 하루에 평균 68개의 유튜브, 스냅챗, 인스타그램의 영상을 소비하는 것으로 나타내고 있다.

Google의 연구 결과에 의하면, 70%의 10대 유튜브 구독자들은 유명 연예인보다 유튜브의 크리에이터에게 더 많이 공감한다고 답한다.

그전 세대들이 주로 자신들보다 연령층이 높은 사람들의 영향을 많이 받았던 것과 달리, Z세대는 자신과 비슷한 연령층의 인플루언서에 더욱 많은 영향을 받는 경향을 보인다.

이러한 특성을 파악하여 미국의 화장품 업체 CoverGirl은 Z세대를 겨냥하기 위해 인기 18세 고등학생 유튜버인 제임스 찰스(James Charles)를 광고 모델로 채택했다.

많은 Z세대 소비자들은 제품 구매 결정을 내리기 전에 먼저 SNS에 나타난 상품평과 좋아요 수를 알아보는 것으로 확인되었다.

또한, 특별한 경험을 제공하는 오프라인 매장을 선호하고 있으며 설문에 의하면 Z세대는 오프라인에서 67%가 쇼핑을 한다고 밝혔으며 주로 웹 브라우저를 이용해 쇼핑한다고 54%가 답했다.

Z세대 소비자들은 SNS와 같은 온라인 매체를 통해 브랜드에 대해 알아가고 관계를 쌓아가지만, 실질적인 구매는 오프라인 매장을 선호하는 것으로 조사되기도 했다.

대표적인 성공 사례로 세계 각국의 팝업 스토어를 통해 소개된 스트릿 캐주얼 의류 브랜드 슈프림(Supreme)과 디자이너 브랜드 루이비통(Louis Vuitton)의 콜라보레이션 라인이 있다. 소비자들은 SNS를 통해 미리 팝업 스토어의 일정과 장소를 공지 받고 당일에 매장 앞에 줄을 서서 제품을 구매한다.

그뿐만 아니라, 어디에서나 찾아볼 수 있는 대형 체인 판매점들처럼 전형적이고 흔한 매장보다 고유성과 희소성을 가지고 있는 로컬 소매점들이 젊은 소비자들이 찾아가고 싶은 공간이 되면서 인기를 끌고 있다.[9]

Z세대는 테러리즘 문제 등의 사회적 영향을 받으며 인종 문제, 성 평등, 소득 재분배 등 사회적인 이슈에 관심이 많으며 환경문제에 대한 경각심도 높은 편이며 특정 기업들이 환경 보호와 동물 보호를 위해 어떤 노력을 하고 있는지 SNS를 통해 활발히 공유하기도 한다.

글로벌 컨설팅업체 맥킨지가 2020년 7월 공개한 한국의 Z세대 특징은 스마트폰 보유율 98%, 하루 평균 6시간 스마트폰 사용으로 아시아 6국에서 명품 소비 가장 활발, 환경·다양성 등 '사회적 가치 소비(이하 가치 소비)'에 민감, 동영상 플랫폼 유튜브·틱톡을 가장 많이 쓰는 세대이다.

또한, 맥킨지 조사에 따르면, 한국 Z세대 소비자는 아시아 6국 중에서 가치 소비에 가장 적극적인 집단이라고 한다. 가치 소비란 환경·인권 보호 등 공익적 의미가 담긴 상품을 적극적으로 구매하는 것을 말한다. 모바일에 익숙한 Z세대가 소셜미디어를 통해 가치 소비 경험을 공유하며 유통 산업을 바꾸고 있다.

이들은 디지털 액티비스트로서 각종 이슈에 참여하고 제품 불매 운동 등을 벌이며 영향력을 행사한다.

틱톡 같은 소셜미디어를 통해 같은 세대의 여론을 재빠르게 형성한

---

9   코트라 해외시장뉴스 미국 진출을 위해 Z세대를 공략하라 2018.3.6.

다는 점에서 밀레니얼 세대의 행태와도 구분된다는 게 리테일 기업의 분석이다.

이제 많은 기업이 유튜브, 스냅챗, 인스타그램 등 SNS의 영상 매체를 활용하여 Z세대 소비자들에게 더욱 친근하게 다가갈 수 있으며, 소통을 통해 그들의 요구를 반영하는 성공적인 제품 개발을 할 수 있다.

또한, 기업이 온라인상에서만 소비자와의 관계를 형성해 나가는 것에서 더 나아가 직접 소비자를 만나고 그들에게 새로운 경험을 할 수 있는 오프라인 소매 공간을 함께 제공한다면 SNS 플랫폼이나 메타버스와 같은 가상 공간뿐만 아니라 현실 공간에서도 소비자와 더욱 친밀한 관계를 쌓아갈 수 있을 것이다.

사회·환경적으로 책임 있는 기업 운영을 하고 이를 적극적으로 브랜딩에 반영한다면 Z세대로부터 긍정적인 반응이 나타날 것으로 보인다.

경험적 소비를 지향하는 Z세대는 과거 세대보다 합리적이고, 도덕적인 소비 성향을 보인다.

이러한 소비 성향은 물건을 구매하는 대신 빌려 쓰거나, 중고제품을 구입하고, 값이 조금 더 비싸더라도 친환경적인 제품을 선호하는 방식으로 나타난다.

이런 Z세대의 특성을 이해하고 그들이 원하는 제품과 서비스로 공감하고 호응받도록 준비해야 할 것이다.

이들 소비자에게 어필하기 위해서는 브랜드의 스토리텔링을 통해 제품이나 서비스를 구매해야 하는 명확한 이유를 설명할 수 있어야 할 것이다.

2장

시대의 변화를
이끄는
리테일 기술

1. 인공지능(AI) 스피커: 보이스 커머스

글로벌 Top 리테일러들은 이제 인공지능(AI)을 중심으로 4차 산업혁명 기술들을 활용해 소비자들에게 새로운 가치를 전달하기 위해 상품의 주문 과정에서부터 일선의 매장 형태에 이르기까지 전방위적인 투자를 진행하고 있다.

"알렉사, 음악 좀 틀어줘", "아리아, 오늘 우산을 가져갈까?" 음악을 재생하고 날씨를 알려 주는 '알렉사', '지니', '아리아'는 누구의 이름일까?

최근 각광 받는 '인공지능(AI) 스피커'들의 명칭들이다.

음성 AI 시장은 사용자의 음성명령을 스마트폰, 스마트스피커, 스마트TV 등 단말이 받아들여 기기를 제어하거나 검색, 음악 스트리밍, 온라인 쇼핑 등의 서비스를 활용하는 시장을 말한다.

최근 음성 AI 시장은 기술 발달과 스마트 스피커 등 단말판매 증가와 접점의 확대, 이용자의 행동변화에 따라 빠르게 부상하고 있다.

2019년 기준 세계 AI 스피커 보급량이 전년 대비 82% 증가한 2억 790만대를 기록하는 등 AI 스피커 보급이 늘어나면서 새롭게 음성 명령 기능을 이용해 물건을 구매하는 '보이스 커머스'가 또 다른 리테일의 형태로 등장하고 있다.

AI 스피커 전문 매체 보이스봇에 따르면 미국 내 AI 스피커를 보유한 이용자 중 AI 스피커로 매달 제품 검색하는 비율이 28%, 매달 제품을 실제로 구매하는 이용자가 15%에 달할 정도로 미국에서는 이미 제품 검색과 구매에 음성 활용이 자리하고 있다.

특히, 인공지능(AI) 스피커는 리테일에서 보이스 커머스를 실현할 수 있는 가장 접점에 있는 시장으로 이 시장의 발전이 뉴 리테일테크로 이끌 분야로 예상된다.

아마존은 2014년 11월 스마트스피커 에코(Echo)를 출시했다. 현재 3세대 제품까지 출시된 에코는 아마존의 음성 AI 비서 플랫폼인 알렉사를 탑재하고 있어서 이용자가 음성으로 명령을 내리거나 기기와 대화를 나눌 수 있다.

음악 재생, 알람 설정, 날씨 및 교통정보 등 다양한 기능을 제공하며 아마존 기술을 이용한 서드 파티 서비스도 계속해서 확장되고 있다.

아마존은 2016년 3월에는 에코의 소형 버전인 에코닷(Echo Dot)을 출시했으며, 이 제품은 하키 퍽 형태의 작은 스마트스피커로 에코의 모든 기능을 담고 있지만, 스피커의 출력이 낮아졌고 가격도 크게 저렴해졌다.

아마존은 에코닷을 작은방에 하나씩 놓고 기기 간 페어링을 통해 거실과 방 어디서든 음성 AI 기능을 사용할 수 있게 되는 것을 목표로 하고 있다. 한편 아마존은 2017년 6월에는 전면에 LCD 스크린을 탑재한 에코쇼(Echoshow)를 출시했다. 에코쇼는 스마트스피커에 스크린이 결합한 형태로, 기존 에코모델의 기능에 전자액자, 영상재생, 화상 통화 등의 기능을 추가로 제공한다.

최근에는 아마존과 SKT의 협업으로 자사 인공지능(AI) 서비스인 누구와 아마존 AI 서비스인 알렉사를 결합한 누구 멀티 에이전트를 선보일 예정이다.

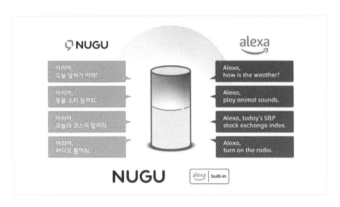

누구 캔들에서 사용할 수 있는 누구 멀티 에이전트 세부 기능 안내 이미지

자료원: SK텔레콤

구글은 2016년 11월 아마존 에코의 대항마로 자사의 음성 AI 플랫폼인 구글 어시스턴트를 탑재한 스마트스피커 구글 홈을 출시했다.

구글 홈은 구글 캘린더, 플레이 뮤직, 유튜브 등 구글 서비스와 연동되는 것이 강점이며 스마트 홈 기기를 조작할 수 있는 기능도 제공한다. 구글은 2017년 10월에는 미니 스마트 스피커인 구글 홈 미니를 시판했으며, 아마존과 같이 낮은 가격을 책정해 복수의 기기 구매를 유도한다는 전략이다.

한편 구글은 2018년 10월에는 7인치 스크린을 탑재한 구글 홈 허브를 출시했다.

구글 홈 허브는 스마트스피커의 모든 기능을 동일하게 이용 가능하며 사용자가 화면 터치를 통해 조작할 수도 있다.

현재까지 아마존과 구글의 스마트스피커 출시 현황을 보면, 아마존이 먼저 출시한 제품군과 유사한 모델을 구글에서 보이는 흐름이다.

처음에 원통형 스피커 형태의 기본모델을 출시한 이후 가격을 낮춘 소형 버전으로 방에 여러 대의 기기를 갖추도록 유도하고, 스크린을 탑재한 스마트디스플레이 모델로 영상시청, 화상통화 등 고객의 여러 가지 수요에 대응하는 전략이다.

애플은 2018년 스마트 스피커 홈팟(HomePod)을 선보였다. 홈팟은 애플의 AI 비서서비스인 시리를 탑재하고 있으며, 7개의 트위터와 대형 우퍼를 장착해 오디오 성능에 중점을 두고 있다. 주변 공간을 인식해 풍부한 사운드를 재생하며, 아이폰6에 채택된 바 있는 프로세서인 A8 칩셋을 탑재하고 있다. 애플은 홈팟을 고급오디오기기로 내세우고 있으며 실제 가격대가 높은 만큼 소리의 품질은 여타의 스마트 스피커 대비 우수하다는 평가다.

중국의 대형 IT 기업인 바이두, 알리바바, 샤오미도 스마트스피커를 출시하고 있다.

중국시장의 폭발적인 성장은 2018년부터 두드러지는데 2018년 이들 3사의 스마트스피커 출하량은 1,960만대에 달하며 2019년에는 전년 대비 146% 증가한 4,820만대에 이르고 있다.

특히 바이두는 중국시장에서 2018년 알리바바, 샤오미에 이은 3위의 점유율을 보였으나 2019년에는 선두업체로 발돋움해 주목을 받고 있다.

바이두는 2018년 6월 자사의 음성 AI 플랫폼인 두어 OS를 탑재한 스마트스피커 샤오두를 선보였다.

249위안(약 35달러)의 저렴한 가격이 강점으로 출시 초기와 광군제 등 시기에는 50% 이상 할인가로 공격적인 보급에 나서고 있다.

알리바바는 2017년 7월부터 티몰 지니(Tmall Genie)라는 브랜드의 스마트스피커를 판매를 개시했다.

티몰 지니는 알리바바의 AI 플랫폼인 알리지니(AliGenie)를 탑재하고 있으며, 스마트 홈 기기 제어기능과 함께 음악, 날씨, 뉴스 등 기능을 제공하며 알리바바의 온라인 쇼핑몰 티몰에서 음성으로 상품을 주문할 수 있는 보이스 커머스를 지원한다.

제품명 (제조사)	출시일	출시 소매가	제품 사진	특징
에코 (아마존)	2014.11 (1세대) 2019.9 (3세대)	$99.99		• 1세대 에코는 2014년 11월 출시 • 음성 조작, 홈IoT 기기 컨트롤 가능 • 아마존 뮤직, 애플뮤직, 스포티파이 등 다양한 음악 스트리밍 서비스와 연계해 음악 재생

에코 닷
(아마존)
	2016.3
	(1세대)
	2018.10
	(3세대)
		$49.99		• 에코의 소형 버전으로 에코와 동일한 기능
				  탑재했지만 스피커 출력 낮아짐
				• 작은 방에 여러 개의 에코 닷을 갖추도록 하기
				  위해 낮아진 가격으로 구매 부담을 줄임

에코 쇼
(아마존)
	2017.6
	(1세대)
	2018.10
	(2세대)
		$229.99		• 10인치 LCD 스크린을 탑재해, 스마트 스피커
				  기능과 함께 전자 액자, 영상 재생, 화상 통화
				  기능 제공
				• 5인치($89.99), 8인치($129.99) 파생모델도 있음

구글 홈 (구글)	2016.11	$129		• 구글 음성 AI 플랫폼 구글 어시스턴트를 탑재 • 구글 서비스와의 연계가 특징 • 구글 플레이 뮤직, 스포티파이 등 음악 스트리밍 서비스 지원
구글 홈 미니 (구글)	2017.10	$49		• 구글 홈과 동일한 기능에 소형화, 스피커 성능 감소 통해 가격 인하

구글 홈
허브
(구글)
	2018.10	$149		• 7인치 디스플레이 탑재로 스마트 스피커 기능과
				  함께 구글 포토를 이용한 전자 액자, 영상 시청
				  기능도 활용 가능
				• 전면 카메라 미탑재로 화상통화는 불가능

홈팟 (애플)	2018.2	$299		• 7개의 트위터, 우퍼를 장착해 오디오 성능에 집중 • 공간을 인식해 풍부한 사운드 재생 • 아이폰, 아이패드 등 애플 제품이 없으면 사용 불가능
티몰지니 (알리바바)	2017.7	499위안 (약 $73)		• 음악, 뉴스, 온라인 쇼핑 등 알리바바 서비스와 연계 지원 • 미니 스피커 형태의 파생 모델인 '쿠키'도 출시
샤오두 (바이두)	2018.6	249위안 (약 $35)		• 바이두의 음성 AI 플랫폼 두어OS 탑재 • 알리바바, 샤오미와의 경쟁을 위해 낮은 가격 책정

음성 AI 시장의 동향과 비즈니스 기회

자료원: 2020 삼정KPMG Issue monitor

2017년 ComScor의 조사에 따르면 일반적으로 Amazon Echo 같은 음성인식 인공지능(AI) 스피커를 궁금한 사항을 물어보는 데 활용하는 것으로 나타났다.

조사에 따르면 60% 이상이 일반적인 질문을 하고 있으며 날씨는

57%, 음악재생은 54%, 알람 41%, 리마인드 및 To do 리스트를 관리 39% 비율로 사용하는 것으로 조사되었다.

이외에도 제품을 주문하는 데 11%가 사용하고 있으며, 음식 및 서비스 주문도 8%가 활용하고 있는 것으로 분석되었다.

특히, 리테일 사업에서 주목할 대목은 제품을 주문하는 데 11%가 사용되었다는 점이다.[1]

미국의 무선 스피커 시장 규모는 2018년 기준 59억 260만 달러로 전년 대비 25.8% 성장했다. 미국 무선 스피커 시장은 2013~2018년 연평균 48.7%의 폭발적 성장을 보였으며 향후 5년간 14.3%의 성장을 지속해 2023년 114억 9,070만 달러를 기록할 것으로 전망되고 있다.

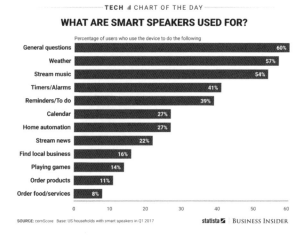

비즈니스 인사이더: 음성 인식 인공지능(AI) 스피커 사용용도
자료원: ComScore Baee: US households with smart speakers in Q1 2017

---

1   People Use Smart Speakers Like Amazon Echo for Simple Things: CHART(businessinsider.com)

미국 시장조사기관 유로 모니터는 미국 무선 스피커 시장이 빠른 속도로 성장한 결과 2018년에 디지털 어시스트 기능을 갖춘 인공지능(AI) 스피커가 전체 판매의 절반 이상의 비중을 차지했다고 분석했다.

블루투스 무선 스피커는 스마트폰, 랩톱 등 인터넷에 연결되어 음악 스트리밍 사이트 또는 모바일 앱을 사용할 수 있는 별도의 기기가 필요하지만 인공지능(AI) 스피커는 무선네트워크에 직접 연결 가능한 것이 장점이다.

인공지능(AI) 스피커는 음성명령으로 특정 노래를 재생할 수 있을 뿐 아니라 여러 스피커를 동기화해 서라운드 효과를 낼 수 있어 가정용 음악 스트리밍 환경을 편하게 만들길 원하는 소비자들에게 인기가 있다.

유로 모니터는 미국 시장의 대표적인 인공지능(AI) 스피커인 아마존 에코와 구글 홈의 디지털 어시스트 기능이 빠르게 발전하고 기술 전문가들과 소비자에게서 좋은 평가를 받고 있어 머지않아 미국 소비자들 사이에서 꼭 필요한 제품이 될 것으로 전망된다.

인공지능 음성 비서 '알렉사(Alexa)'를 활용해 아마존은 이커머스 (E-commerce)를 넘어 보이스 커머스(Voice commerce)를 시도하고 있으며, 이러한 보이스 커머스에 월마트도 애플의 시리(Siri)와 협력해 동참하고 있다.

보이스 커머스는 고객의 기존 구매 데이터를 바탕으로 정확하게 대응하며 한편으로 고객에게 이커머스 보다 더 편리한 쇼핑 경험을 제공한다. 아마존은 고객에게 더욱 신속한 배송 서비스를 제공하기 위해 인공지능을 활용해 고객이 주문하기 전 미리 고객의 집 근처 물류센터로 상품을 보내는 예측 배송까지 하고 있다.

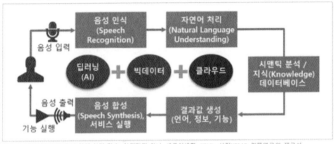

대화형 음성 AI 시스템의 구성도와 기술요소
자료원: 2020 삼정 KPMG Issue monitor

인공지능(AI) 스피커를 이용한 음성쇼핑 시장의 성장도 눈에 띈다. 국내에서는 아직 생소할 수 있으나 미국에서는 인공지능 스피커를 이용한 음성 쇼핑시장이 일상에 자리 잡았다.

알렉사를 처음 도입한 2018년 연말연시 아마존 매출이 지난해 같은 기간보다 3배 이상 증가하면서 이제 AI 스피커는 온라인 쇼핑에 필수 장비가 됐다.

음성 AI 시장의 가치사슬은 기반기술, 플랫폼, 하드웨어, 서비스로 나눠 볼 수 있다. 기반기술은 음성인식, 자연어 처리와 데이터 분석, 인공지능 등을 말하며, 음성기술 솔루션이나 원천기술을 보유한 업체들이 주요 플레이어로 활약하고 있다.

이들 업체는 주로 기술을 B2B 라이선스형태로 판매하지만, 자체적인 음성인식 서비스나 애플리케이션을 보유한 경우도 있다.

구글에서도 인공지능 스피커를 선보이며 월마트, 코스트코, 월그린 부츠 얼라이언스 등 미국 주요 리테일 업체와의 협업을 통한 음성쇼핑을 지원하고 있다.

미국 스마트 스피커 시장에서 아마존이 압도적인 1위인 이유는 업계 최초로 진출하여 자체 하드웨어 개발, 유통업체의 장점을 살려 물류비 절감을 통한 타제품 대비 높은 가격경쟁력과 우수한 품질 등이 있다.

오프라인 리테일의 대표주자인 월마트에서 식료품을 사려는 고객들은 두 가지 방법이 있었다. 매장에 직접 가서 쇼핑 카트를 채우거나, 온라인에서 식료품을 고르고 집으로 배달 또는 직접 픽업해야 했다. 그러나 이제 이 세계 최대 소매업체는 음성 명령을 통해 식료품을 주문하는 세 번째 방법으로도 가능하다.

구글 어시스턴트(Google Assistant) 음성인식장치를 가지고 있는 고객들은 이 기기를 통해 음성으로 식료품을 주문할 수 있다고 발표했다.

사용 방법은 간단하다. "헤이 구글, 월마트에 말해 줘"라고만 말하면 된다.

고객은 음성 명령으로 며칠에 걸쳐 한 번에 하나씩 카트에 물품을 추가할 수 있고, 반드시 일주일 안에 주문을 완료할 필요도 없다.

월마트는 음성 인식 쇼핑 전략이 훌륭한 이유는 구매를 완료해 주문 확정을 보내는 것보다 장바구니에 어떤 물건을 추가하는 데 초점을 맞추고 있기 때문이라고 설명했다.[2]

글로벌 시장 조사기관 Emarkter에 따르면 미국의 스마트 스피커 사용자는 2020년 8,310만 명으로 전년 대비 13.7% 증가할 것으로 보인다.

글로벌 시장조사기관 MarketandMarket의 '스마트 스피커 시장'에 따

---

2 이코노믹리뷰 식료품 음성 주문 시장 후끈, 월마트도 가세. 2019.4.4.

르면, 전 세계 스마트 스피커 시장규모는 70억 9,000만 달러, 2020년부터 2025년까지 예측 기간 연평균 17.1%의 비율로 성장할 것으로 예상하며, 그중 북미는 가장 큰 시장인 것으로 나타났다. 이 보고서에 의하면 2020년 미국의 스마트 스피커 시장은 36억 4,300만 달러 규모이고, 연평균 14.3%의 비율로 성장해서 2025년에는 70억 9,800만 달러 규모에 이를 것으로 예측된다. 스마트 스피커 시장 성장을 이끄는 주요 원인은 스마트 홈 채택인구의 증가 및 실질 가처분 소득 증가로 사용 분야별 시장 규모는 스마트홈, 개인소비자, 기타, 스마트오피스의 순서로 컸고 2025년에는 그 격차가 더욱 벌어질 것으로 조사됐다.

중국 역시 인공지능(AI) 스피커 시장 규모는 해마다 성장하는 추세다.

2018년 중국 스마트 스피커 시장 규모는 3억 3,000만 위안으로 전년 대비 약 59% 증가했으며 2026년 AI 음성 시장규모는 327억 위안까지 확대할 것으로 전망했다. 한층 더 최적화된 제품 업그레이드와 스마트 홈 보급 확대로 중국 스마트 스피커 소비시장은 폭발적으로 성장할 것으로 관련 업계는 내다보고 있다.

중국 스마트 스피커 시장은 발전 초기 단계에 있으며, 중국 브랜드가 약 75%를 점유하고 있다.

중국 시장 대부분은 알리바바, 바이두, 샤오미가 차지하고 있다.

이들은 스마트 스피커 시장에 비교적 늦게 진입했으나 전 세계적으로 인지도를 키워가고 있는 브랜드로 스마트 스피커 출하량 비중이 전 세계적으로 2017년 2.2%에서 2018년 17.7%로 상승했다.

중국 첸잔산업연구원(前瞻产业研究院)의 분석에 따르면 2019년 중국 스마트 스피커 보급률이 10%에 이를 것으로 보이나 이는 미국의 26%

에 비해 아직 뒤떨어져 있는 수준으로 중국 스마트 스피커 시장은 발전 잠재력이 매우 클 것으로 보인다.

전 세계 스마트 스피커 시장에서는 미국 브랜드가 중국 브랜드보다 우위에 있으나 중국 시장에서는 중국 브랜드가 압도적이다.

중국 스마트 스피커 시장 TOP 10 브랜드에서 샤오미, 바이두, 알리바바, 화웨이 등 중국 브랜드가 중국 시장을 석권하고 있다.

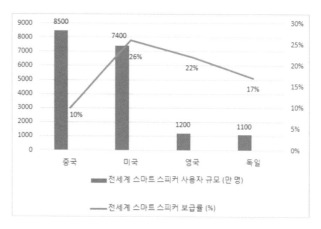

2019년 전 세계 스마트 스피커 사용자 규모 및 보급률 전망
자료원: 첸잔산업연구원

과학기술정보통신부가 발표한 '2021 4차 산업혁명 지표'에 따르면 국내의 경우 지난해 AI 분야 매출액은 6,895억 원으로 전년 대비 16.3% 증가했다. 또한, 더욱 고도화된 인공지능 개발을 위한 인공지능 학습용 데이터 활용 횟수도 전년 대비 153.4% 늘어난 96,826회를 기록했다.

특히 SKT·KT·LGU+ 등 통신 3사와 네이버·카카오 등 IT 공룡들이 각축을 벌이는 AI 스피커 시장 성장세가 두드러진다. 과기부 집계에 따르면 이동통신 3사를 통해 판매된 인공지능 스피커 대수(누적)는 861만대 (2020년 3월 기준)로 전년 대비 45.7% 증가했다. 네이버와 카카오를 통해 판매된 AI 스피커 수를 합하면 시장 성장세는 더욱더 가팔라질 전망이다.

제품명 (제조사)	출시일	출시 소매가	제품 사진	특징
기가지니2 (KT)	2018.2	월 9,900원 (무약정) 월 4,400원 (3년 약정)		• UHD IPTV 셋톱박스+스마트 스피커 • 하만카돈 스피커 탑재 • 인터넷 통신 요금과 결합된 월정액 방식으로 판매
누구 (SK텔레콤)	2016.9	99,000원	(누구 네오)	• LED 조명 기능 탑재 및 음악/오디오, 전화, 생활/정보, 검색, 쇼핑/주문, 키즈, 금융 서비스 제공 • 디스플레이 탑재 '누구 네오', 소형화 버전 '누구 미니' 등 파생 모델 발매
클로바 웨이브 (네이버)	2017.8	150,000원	(클로바 프렌즈)	• 네이버 AI 플랫폼 클로바 탑재로, 음악, 날씨/뉴스 브리핑, 음성 검색 등 네이버 서비스와 연계 기능 제공 • 캐릭터 모양의 제품 '클로바 프렌즈'와 미니 버전 '클로바 프렌즈 미니'도 출시
카카오 미니 (카카오)	2017.11	119,000원		• 라이언 캐릭터 피규어가 스피커에 부착된 형태 • 멜론 음악 스트리밍, 카카오톡 메시지 전송, 카카오 택시 호출 등 카카오 연계 서비스가 강점
갤럭시 홈 미니 (삼성전자)	2019.9 (베타 테스트)	미정		• 갤럭시 홈의 소형화 버전으로 AKG 스피커 탑재 • 적외선 송신기를 갖춰 리모컨으로만 작동하는 오래된 가전 제품을 음성으로 제어 가능
엑스붐 AI 씽큐 (LG전자)	2019.1	249,000원		• LG 씽큐와 구글 어시스턴트 AI 탑재 • 영국 오디오 업체인 메리디안과 기술 제휴 • 세탁기, 냉장고, 에어컨, 건조기, 스타일러, 공기청정기 등 LG 씽큐 탑재 가전제품 상태 확인 및 제어 가능

국내기업의 주요 스마트 스피커

자료원: 2020 삼정 KPMG Issue monitor

디지털미디어랩 DMC 미디어에 따르면 2019년 기준 국내 AI 스피커 시장 점유율 1위인 KT는 39%다. 이어 SK텔레콤은 26%, 네이버는 16%, 카카오는 12% 등의 순이다.

커지는 시장에 맞춰 기업들의 경쟁도 점차 치열해지고 있다. 기존 음악 감상, 검색, 대화, 라디오 청취 등 기본 기능 외에도 노인 돌봄, 전화 걸기, 문자쓰기, 책 읽기 등 다양한 분야로 서비스를 확장하며 새로운 기능을 계속 선보이고 있다.

국내 최초로 AI 스피커를 선보인 SK텔레콤은 자사 AI 플랫폼 누구와 커뮤니케이션 플랫폼 T전화를 결합한 지능형 전화 서비스 T전화×누구를 공개했다. 이용자는 해당 서비스를 통해 AI와 대화하듯 전화번호를 검색하고 통화·문자를 보낼 수 있다.

국내 기업의 인공지능 스피커 판매 대수

자료원: 2021 4차 산업혁명 지표, 과학기술정보통신부

네이버의 경우 AI 스피커에 더 발전된 AI 스마트 조명 클로바 램프를 출시했다. 이번 신제품은 한글이나, 영어로 된 어떤 책이든 램프 아래 펼쳐 놓으면 페이지의 글자를 읽어 준다. 네이버 클로바 제휴 아동 도서인 경우 해당하는 음원을 들려준다.

애플 역시 AI 스피커 '홈팟'의 소형 버전인 '홈팟 미니'를 공개했다. 홈팟 미니는 집안 구성원의 목소리를 구별, 개개인에 맞춤 정보를 제공한다. 또한, 홈팟 미니로 가족끼리 대화할 수 있는 '인터컴' 기능도 추가됐다.

카카오 엔터프라이즈는 2020년 카카오 미니 후속작인 AI 스마트 스피커 '미니 헥사'를 내놨다. 스마트 스피커는 집안에 설치해두고, 음성

명령을 통해서 날씨, 생활정보 검색, 메모 등록, 배달음식 주문 등을 할 수 있는 기기다.

보이스 커머스는 아직 한국에선 시작 단계이지만 미국 등 글로벌 시장에선 빠르게 성장하고 있다.

또 스마트폰을 사용하는 일반 소비자가 한 해 평균 아마존에서 1,000달러(약 120만 원)의 물건을 구매했다면 에코를 사용하는 소비자는 1,700달러를 쓰는 것으로 알려졌다.

아마존 AI 스피커가 매출을 70% 끌어올린 것이다. 미국 IT 시장조사 업체 가트너는 아마존이 AI 스피커를 확산해 충성고객 확보에 나섰다고 분석하기도 했다.

음성 AI 시장에 구글, 아마존과 같은 거대 플랫폼 기업뿐만 아니라, 삼성전자, LG전자와 같은 하드웨어 제조사, 자동차 기업들까지 진입하면서 경쟁이 치열해지고 있다.

따라서 향후 AI 스피커는 모바일과 연동을 통해서 원격제어 시스템과 융복합 기능의 시너지를 낼 수 있는 방향으로 발전할 것이다.

아직 국내는 미국 등에 비해서 점유율과 활용도가 높은 편은 아니지만, 국내 주거공간에서 활동하는 영역이 점차 확대되고 이렇게 변화하는 고객의 소비패턴을 분석하고 적극적으로 대응한다면 인공지능(AI) 스피커를 활용한 보이스 커머스 발전 가능성은 매우 높아질 것이다.

2. 신뢰와 예측을 더하는 리테일 빅데이터

　예전 리테일러들은 판매 변화에 대해서 시계열 분석으로 감지하여 어디서 문제가 있는지 찾아보려고 했다. 제품품질, 가격, 소비자 유형, 유통과정, 점포 위치 등 여러 가지 동인으로 인해 원인을 찾아 데이터 기반으로 해결 가능한 예측 데이터를 찾아내야 한다. 엑셀이나 통계적으로 과거 데이터를 기반으로 통계 모델을 구성하여 원하는 신뢰도 기반으로 임의로 인과관계가 있는 동인을 변화시키는 값으로 작업하면서 예측된 결과를 기본으로 내부 인원들에 의해 의사결정을 수행하는 것이 일반적이었다.

자료원: Billions Of Reasons To Get Ready For Big Data

　그러나 현재는 빅데이터 기반의 AI 플랫폼을 이용하여 사업수요를 예측하는 절차와 방법으로 변화시켜 가고 있다.

　빅데이터란 보통 수천 테라바이트 이상의 거대한 크기(Volume)를 갖고, 여러 가지 다양한(Variety) 비정형 데이터를 포함하고 있으며, 생성-유통-소비가 몇 초에서 몇 분 단위의 빠른 속도(Velocity)로 일어나 기존의 방식으로는 관리와 분석이 매우 어려운 데이터 집합이다.

리테일에서 빅데이터를 수집, 활용하는 방법에는 두 가지가 있다.

첫째는 고객이 직접 남긴 개인정보나 구매 후기 데이터를 바탕으로 상품을 선별하고 추천하는 것이다.

둘째는 고객의 쇼핑 패턴을 분석한 데이터로 고객의 다음 구매를 예측하는 것이다.

리테일 기업은 두 종류의 데이터를 기반으로 미래의 쇼핑에는 두 가지 방향으로 진행될 것이다.

하나는 리테일러들의 빅데이터 분석을 통한 정보를 이용하여 머천다이징이 훨씬 정교해지는 것이다. 다른 하나는 소비자가 쇼핑을 실행하기 전에 데이터에 기반한 알고리즘으로 그들의 미래 소비를 예상하는 것이다. 후자의 경우 실시간으로 쇼핑하다 보면 자동추천이나 연관상품을 추천하는 것으로 이해하면 된다.

데이터 분석 기술을 기반으로 시장 트렌드 조사 과정이 정교화되고 신속하고 정확한 상품화가 가능해진다.

물론 기존 많은 리테일 업자들에게 데이터가 없었던 것은 아니다. 그 데이터가 산재되어 있어서 정교한 분석을 통해 가시성 확보가 어려웠을 뿐이다.

그래서 리테일러들은 데이터보다는 직감에 기반한 의사결정을 내리고 개인화된 마케팅을 하기보다 불특정 다수를 대상으로 한 대규모 마케팅을 진행하고 고객이 원하는 제품을 만들기보다는 기업이 만들 수 있는 제품을 출시하는 경향이 있었다. 이는 현대 마케팅에서 가장 중요한 고객 가치와 완전히 배치되는 내용이지만 많은 기업이 이런 관행을 버리지 못하는 경우가 많다.

최근 BrandZ가 발표한 세계 100대 브랜드 가치 순위 2021 자료를 보면 1위는 아마존으로 브랜드 가치는 6,838억 달러로 3년 연속 1위 자리를 지켰다. 온라인 서점으로 시작해 전 세계의 리테일시장을 장악한 아마존닷컴. 아마존이 이렇게 성장할 수 있었던 비결은 무엇일까?

아마존의 성공 전략은 바로 데이터 분석으로부터 시작한다. 아마존에는 매우 중요하게 여겨지는 사업의 성장모델이 있다.

플라이휠(FlyWheel) 모델이라고 불리는 아마존의 성장 모델은 베조스 회장이 식사 중 냅킨에 그렸다 해서 냅킨 스케치(Napkin Sketch)라고 불리기도 한다.

순위	브랜드	가치(억 달러)	부문	가치 변화
1	아마존	6,838.5	소비재 & 소매업	64%
2	애플	6,120.0	기술	74%
3	구글	4,580.0	미디어 & 엔터테인먼트	42%
4	마이크로소프트	4,102.7	비즈니스 솔루션 & 기술 제공	26%
5	텐센트	2,409.3	미디어 & 엔터테인먼트	60%
6	페이스북	2,267.4	미디어 & 엔터테인먼트	54%
7	알리바바	1.969.1	소비재 & 소매업	29%
8	비자	1,912.9	금융 서비스	2%
9	맥도날드	1,549.2	식품 & 음료	20%
10	마스터카드	1,128.8	금융 서비스	4%

세계 100대 브랜드 가치 순위
자료원: BrandZ

플라이휠 모델은 고객 경험과 고객의 증가가 선순환을 통해 어떻게 기업의 성장에 영향을 미치는지 알려 준다. 플라이휠 모델에는 총 2개의 선순환 바퀴가 존재한다.

첫 번째 바퀴는 제품 종류, 고객 경험, 방문자 수, 판매자 수, 제품 종류로 순환하며 회사가 성장하는 모델이다.

두 번째 바퀴는 성장, 낮은 비용구조, 낮은 판매 가격, 고객 경험으로 이루어져 있다. 2개의 선순환 바퀴에서 볼 수 있듯이, 고객 경험은 아마존이 가장 중요시하는 가치관이다.

그래서 국내 대형 리테일사에서는 이런 고객 경험 마케팅을 구현하기 위해 부단히 노력했으나 자체적인 시스템구축에 막대한 투자와 전문인력이 필요한 부분을 극복하지 못하고 어떻게 보면 낮은 수준의 고객경험 마케팅을 구현하고 있다. 물론 다른 전문기관과 협업을 통해서 효과적인 고객 경험 마케팅을 실현하는 기업도 있다.

아마존은 엄청난 양의 데이터를 수집, 가공처리, 결과를 도출하고 적용한다. 브랜드 가치 1위 명성답게 마케팅 도구인 고객 경험을 강화하기 위해 데이터를 분석하여 이 결과를 바탕으로 자동화 추천 시스템과 고객 맞춤형 상품을 제공한다.

이 중에서도 가장 강력한 도구는 빅데이터를 통한 자동 추천이다.

이런 시스템은 아마존의 활용하고 있는 아마봇(Amabot)이 있어 가능하다. 아마봇은 아마존과 로봇의 합성어인데, 아마존닷컴 고객의 행동 데이터 분석 결과를 바탕으로 각 페이지에 상품을 구성하는 역할을 한다.

아마봇이라는 AI는 수집한 소비자 행동 빅데이터를 실시간으로 학습

한다. 이는 인공지능의 기술이 적용된 것이다.

해당 페이지를 조회하는 고객 각각이 자신에 맞는 페이지를 볼 수 있도록 구성하는 일이다. 초반에는 같은 비율로 제품을 노출하지만, 데이터가 쌓일수록 고객이 좋아할 만한 제품을 알아내 노출한다.

물론 고객별로 페이지에 보이는 상품 구성도 다르며 소비자가 더 많이 사용할수록 그만큼 데이터가 축적되어 사용자가 만족할 만한 추천 상품목록을 제공하기도 한다.

이는 소비자 만족과 고객 경험을 개선할 뿐만 아니라 아마존의 매출도 증가시키는 일석이조의 효과가 있다.

또한, 사용자 행동분석 데이터 활용하여 웹사이트를 개선한다.

고객 행동 데이터를 분석하던 아마존은 2008년에 이미 웹페이지 로딩 시간과 판매의 상관관계를 찾아냈다. 로딩이 0.1초 지연될 때마다 판매가 1퍼센트 감소한다는 것이다. 2012년에는 로딩이 1초 지연되면 연간 1.6조 달러의 손실이 발생할 것이라는 결과가 조사되기도 했다.

이는 고객들의 빠르고 편리한 서비스를 원하는 요구를 반영한 것이며 고객 만족도를 높일 수 있었다. 아마존은 구글 애널리틱스(GA)와 빅인 애널리틱스를 활용해 고객 행동 흐름을 데이터화하고 어떤 부분에서 사용자들이 이탈했는지 어디서 웹사이트를 닫았는지에 대한 사용자 목록을 분석한다.

만약 사용자 이탈이 많은 페이지가 있다면, 사용자들을 대상으로 한 설문조사나 행동분석을 통해 웹사이트 및 콘텐츠 개선을 할 수 있다. 또한, 쿠폰이나 상품을 제공함으로써 재방문을 유도하기도 한다.[3]

3　박정준, 『나는 아마존에서 미래를 다녔다』 한빛비즈, 2019.

고객들이 아마존 사이트 내에서 편리하고 만족스럽게 쇼핑을 할 수 있도록 해야 하는 아마존은 사용자의 편의를 고려하고 고객에게 신뢰를 얻기 위해 다양한 서비스를 제공한다.

아마존의 시장 빅데이터 및 소비자 행동분석은 고객 경험을 개선하고 더 나은 서비스를 제공할 수 있는 기반이 된다. 이처럼 4차 산업혁명 마케팅 시대의 빅데이터 분석은 이제 선택이 아닌 필수가 됐다.

이처럼 아마존이 성장하는 이유 중 하나는 바로 빅데이터다. 아마존은 빅데이터를 어떻게 활용하고 있는지 조금 더 알아보자.

첫째, 다이내믹 프라이싱 정책을 사용한다. 다이내믹 프라이싱이란 동일한 제품과 서비스에 대한 가격을 시장 상황에 따라 변화시키는 판매전략이다.

고객은 과거에는 웹사이트 방문 횟수와 관계없이 같은 가격의 상품을 접했다. 이제는 가격이 자주 바뀐다.

빅데이터 플랫폼이 소비자의 구매 의지를 평가하기 때문이다. 예를 들어, 비행기나 호텔 객실 요금의 경우 사람들이 같은 목적지를 여러 번 검색하면 가격이 높아지거나 변경될 수 있다. 아마존은 약 250만 번 상품 가격을 변경한다. 이런 시스템의 실현은 정말 엄청나다고 표현할 수밖에 없다.

아마존은 빅데이터로 경쟁사 가격부터 자사 재고까지 파악한 후 분석해 제품 가격을 변경할 수 있다.

둘째, 부정한 사기거래를 방지한다. 즉, 시장을 교란하여 이익을 추구하려는 의도를 가진 부정한 고객을 선별하여 대응할 수 있다.

아마존은 회사의 모든 주문에서 2,000개가 넘는 데이터 수집 포인트와 머신러닝 알고리즘을 활용해 사기 가능성이 큰 거래를 찾아낸다. 아마존은 이러한 시스템을 통해 매년 수백만 달러에 달하는 사기 거래를 차단한다.

예를 들어, 지난 몇 개월 동안 한 사람이 비정상적인 높은 비율로 상품을 반품한 경우 등을 파악하고 계정을 차단한다.

셋째, 방문한 고객이 상품을 더 구매하도록 추천한다. 이는 오프라인 매장을 찾은 고객에서 미끼상품이나 연관상품을 배치하고 POP 등을 통해서 고객을 유인하여 매출을 더 높게 하려는 방식을 온라인방식에서 진행하는 것이다.

상품 추천은 가장 익숙한 빅데이터 애플리케이션이다. 기본적으로 장바구니나 구매 이력을 기준으로 작동한다. 개인 맞춤 추천으로 소비자에게 다양한 옵션을 보여 주면서 아마존은 필요한 모든 것이 있다는 인식을 심어 줄 수 있다.

넷째, 빅데이터를 사용해 오프라인을 변화시킨다. 이 부분은 현재도 많은 기업이 추진하고 있으나 아직은 아마존만큼 기술력을 갖추지 못하고 있지만 가까운 미래에 기술의 보편성이 이루어질 것으로 보인다.

아마존은 홀푸즈(Whole Foods)를 인수하자마자 인기 상품의 가격 인하를 포함해 빅데이터를 오프라인에서 활용하기 시작했다. 아마존 고 역시 카메라와 센서를 통해 쇼핑객의 데이터를 수집하고 분석한다.

예를 들어, 유모차를 타는 사람들이 통로를 지나가기 어려워하는 데이터를 수집하면 통로 넓이와 매대 위치를 개선할 수 있다.

다섯째, 자동시스템화된 물류센터에서 활용한다.[4]

4　How Amazon Used Big Data to Rule E-Commerce, [insidebigdata.com]

아마존의 풀필먼트 센터에서는 물류센터 근로자의 생산성이나 작업 속도에 대해 경고를 보내거나, 소비자가 자주 구매하는 품목, 재고 부족 여부 파악 등에 빅데이터를 활용한다.

특히, 아마존의 예상 배송 특허를 보면 아마존이 얼마나 데이터를 잘 활용하는지 알 수 있다.

아마존 Fulfillment
자료원: 아마존

오프라인 리테일 강자인 월마트는 자체 설립한 데이터 분석 연구소인 월마트 랩스를 통해 빅데이터 툴 개발, SNS를 수집하고 빅데이터를 이용한 소비 패턴 분석 및 유통 효율성을 제고한다.

온라인업체와의 경쟁을 위해 2011년 소셜플랫폼 회사 코스믹스 (Kosmix)를 인수하여 IT 전문조직 '월마트랩'을 설립하여 빅데이터 툴을 개발했다.

월마트는 쇼핑 경험을 최적화하고 고객에 맞추기 위해 다섯 가지 방법으로 빅데이터를 활용한다.

다섯 가지 방법에 대해서 정리하면 다음과 같다.

첫째는 약국 효율성을 증가시킨다. 이 부분은 국내에서 다소 이해하기 어렵겠지만 가까운 일본만 해도 기업이 약사를 고용하여 국내의 올리브영과 같은 헬스, 뷰티 상품뿐만 아니라 의약품도 판매할 수 있다.

그러나 국내에서는 일반기업에서 약사의 고용을 법적으로 제한하고 있어 이런 유통채널은 도입이 안 되는 실정이다.

월마트는 하루에 얼마나 많은 처방전이 들어오는지 파악하고 빅데이터를 이용해 직원의 스케줄을 보다 효율적으로 짠 뒤 일하는 데 필요한 시간을 줄인다.

둘째는 매장 체크 아웃(계산대)을 관리한다. 이 기능은 아직 테스트 중이지만 월마트는 분석을 통해 매장 수요를 예측하고 적절한 직원을 배치한다. 데이터는 또한 기존 스테이션 또는 셀프 체크 아웃 중 어떤 것이 각 매장에 가장 적합한 방법인지 알려 준다.

셋째는 효율적인 공급체인(SCM)관리다. SCM(Supply Chain Management)은 원자재 조달에서 마지막 단계인 제품 배송에 이르기까지 제품 또는 서비스와 관련된 상품, 데이터 및 재정의 흐름을 관리하는 것을 말한다.

회사는 독(Dock)에서 상점까지의 상품 이동 단계를 시뮬레이션한다. 그 결과 더 효율적인 경로를 이용할 수 있다. 또한, 제품이 공급 라인에서 만져지는 횟수를 계산할 수 있다. 운송차선 및 회사의 트럭에는 이동 경로를 알려 준다. 이렇게 해서 월마트는 운송 비용을 아낄 수 있다.

넷째는 제품 분류 최적화다. 고객 선호도 분석을 통해 월마트는 제품 진열대 재고를 최적화하고 실시간으로 재고를 표시한다. 또한, 빅데이터는 새로운 품목, 생산 중단된 제품 및 보유 브랜드에 대한 정보를 알기 쉽게 전달한다. 마지막으로 고객 맞춤화된 쇼핑 경험 제공이다.[5]

월마트는 쇼핑객 선호도를 분석하여 맞춤형 쇼핑 경험을 개발할 수 있다. 예를 들어, 고객이 아기용품을 구매하는 경우 월마트는 데이터 분석을 사용하여 고객이 미래에 필요한 물품을 예측하고 개인화된 모바일 광고로 할인 소식을 전할 수 있다.

이처럼 월마트는 빅데이터를 기반으로 데이터 마이닝을 사용하여 사용자에게 제품 추천을 제공하는 데 사용할 수 있는 패턴을 발견하고 이러한 패턴을 기반으로 사용자에게 제품 추천을 제공하는 것이다.

여기서 데이터 마이닝(Data mining)이란 대규모로 저장된 데이터 안에서 체계적이고 자동으로 통계적 규칙이나 패턴을 분석하여 가치 있는 정보를 추출하는 과정이다. 이 기술력 정보의 정확성과 신뢰성이 판가름난다고 이해하면 된다.

월마트가 빅데이터를 활용하여 고객 전환율을 높여 우수한 고객 경험을 제공하려는 동기는 동급 최고의 전자상거래 기술을 제공하기 위해 빅데이터 분석에 박차를 가하고 있기 때문이다.

월마트 빅데이터 보유의 주요 목표는 고객이 월마트 매장에 있을 때 쇼핑 경험을 최적화하는 것이다.

2020년 기준, 중국에서 매달 8억 명 넘게 쓰는 쇼핑 앱이 있다. 마윈이 일군 중국 전자상거래 제국 알리바바 그룹 산하의 타오바오와 텐마

---

5   월마트가 빅데이터를 활용하는 방법_데일리시큐. 2017.8.11.

오이다.

타오바오가 주로 개인 판매자들이 물건을 파는 곳이라면, 톈마오는 브랜드 제품 위주의 쇼핑몰이다.

스마트폰으로 타오바오와 톈마오를 포함해 알리바바 소속 온라인 쇼핑몰들을 한 달에 한 번이라도 사용한 모바일 월간 실사용자는 8억 8,100만 명이다. 중국의 경우 2019년 기준 휴대전화 보유율이 68% 수준이라고 하니 이 수치는 휴대전화기를 사용하는 많은 사람이 쇼핑몰을 활용한다고 볼 수 있다.

2019년 말 대비 5,700만 명 늘어난 수치다. 2020년 11월 11일 알리바바 그룹이 중국 저장성 항저우에 설치한 미디어센터 전광판에 '쐉스이(11.11)' 쇼핑 페스티벌이 시작된 1일부터 11일 0시 30분까지 거래액이 3,723억 위안을 돌파했다는 문구가 찍혀 있다.

빅데이터를 들여다보면 이들이 무엇을 선호하고 지금 어떤 게 인기가 많은지 파악할 수 있으며, 앞으로 어떤 것을 선호할지 예측할 수 있다.

코로나 사태로 온라인과 오프라인에서 함께 행사했다. 전과 달라진 점은 판매자와 소비자 모두에게 중요한 것은 새로운 제품의 탄생 뒤에 있는 이야기와 생각이 뭔지 알려 주고 알아가는 것이다. 모든 게 온라인으로 옮겨간 세상 우리도 핵심 전시를 온라인으로 옮겼다. 150명의 업체가 참여했다고 한다.

타오바오에선 타오바오 라이프라는 가상 경험 공간을 만들었다. 개성을 담은 아바타를 만들어 가상 전시장을 돌아다니며 제품을 경험하고 다른 아바타들을 만나는 것이다. 타오바오 라이프는 앞으로도 판매자가 소비자와 접촉할 수 있는 매우 중요한 창구가 될 것이다. 창작자의 이야기와 제품을 소개할 때는 짧은 영상을 많이 활용했다. 행사 기간 매일 쇼를 보는 사람이 500만 명이 넘었다. 온라인엔 한도가 없으므로 오프라인 행사보다 규모가 훨씬 컸다.

알리바바가 SNS를 비롯한 모바일 활용이 가장 높은 시간대 등의 빅데이터를 활용해 제품을 광고하고 실질적인 효과를 얻고 있다.

빅데이터를 활용한 사용자의 OTT 검색, SNS 공유 등의 행동과 심리상태 등을 빅데이터 기술로 분석하고 소비패턴을 예측한 결과 판매 웹페이지 방문자 수 10억 명을 기록했고 제품 매출액도 전년 대비 8% 증가했다.

알리바바의 경우 빅데이터를 활용해 소비자들의 구매심리를 자극할 수 있는 최적의 시간대를 찾아 광고한 것이 성공한 것으로 빅데이터가 어떤 분야에서 활용할 수 있을지 면밀히 이해할 필요가 있다.

국내에서는 삼성카드와 이마트 트레이더스가 빅데이터를 활용한 개인 맞춤형 마케팅으로 '윈윈' 효과를 톡톡히 보고 있다. 두 회사는 2019년 이후에 새로 개장한 트레이더스 위례, 월계, 부천, 부산 명지점을 대상으로 빅데이터 마케팅을 펼쳤다. 이는 빅데이터 분석에 필요한 충분한 데이터양의 확보를 위해 협업을 통해서 마케팅 활동을 한 것이다.

소비자 선호 업종과 소득, 소비 규모, 거주지 등은 물론 실제 소비가 일어나는 지역과 이동 동선까지 고려해 점포 이용 가능성이 큰 소비자를 골라 모바일 앱을 통해 필요한 혜택만 홍보하는 방식이다.

삼성카드에 축적된 1,000만 회원의 방대한 결제데이터를 활용했으며 개점 전에 삼성카드의 소비자 조사 서비스 리얼타임 리서치를 통해 이마트 트레이더스에서 사고 싶은 품목에 대한 설문조사도 진행했다. 이마트 트레이더스는 조사 결과를 바탕으로 매장 품목과 할인 행사를 설계했다.

그 결과 우선 홍보 비용이 획기적으로 줄었고 이마트 트레이더스 신규 점포 네 곳에서 빅데이터 마케팅으로 절감한 홍보 비용은 10억 6,000만 원에 달한다. 이 홍보 절감액은 이마트의 당기순이익률이 3%라고 할 때 약 350억의 매출을 발생한 것과 같은 효과다.

리얼타임 리서치 분석을 외부 컨설팅 업체에 용역을 맡길 경우 발생했을 비용이 5억 4,000만 원, 마케팅 대상자 184만 명에게 모바일 앱 쿠폰 대신 전단지와 문자메시지 등을 보냈을 때 드는 비용이 5억 2,000만 원이다. 소비자도 무차별 전단지와 광고 문자에 시달릴 일이 줄어든 것이다.

롯데그룹 온라인 쇼핑 플랫폼 '롯데온(ON)'은 런칭 반년 만에 성과를 가시화하고 있다. 롯데쇼핑은 빅데이터를 기반으로 선택과 집중을 통한 초개 인화에 역량을 응집해 우량고객 확대에 속도를 내는 것으로 나타났다.

삼정KPMG 경제연구원은 글로벌 유통 기업의 주요 기술 투자 현황을 공개했는데 이 자료에 따르면 빅데이터 분석이 기업 기술 투자 분야의 1위를 차지했다.

응답 기업의 66%가 현재 투자 중이거나 활용 중이라고 대답했으며 향후 2년 이내에 투자할 계획이라는 기업도 26%에 달했다.

추세가 이러한데 리테일에서 밸류 체인 전반에 빅데이터가 쓰이는 건 어쩌면 당연한 일이 될 것이다.

대기업의 경우는 인력, 물적 자원이 충분하여 이런 대비를 적절히 할 것이지만 중소기업과 스타트업 기업의 경우 많은 어려움이 있다. 이럴 경우 한국데이터산업진흥원 등 정부와 공공기관에서 정책적으로 지원하는 데이터 바우처 지원사업 등을 통해 해당 분야의 데이터를 전문기업을 통해서 무상으로 제공받을 수 있는 방법이 있으므로 활용하는 것도 하나의 방법이다. 그동안 1년간 단발성 지원에서 성과가 좋은 기업에 한해서는 다년지원이 가능한 것으로 최근에 바뀌었다.

3. AR과 VR로 구현한 가상 리테일

전 세계가 코로나로 인해 컨택트(Contact)에서 언택트(Untact) 사회로의 변화의 속도가 거세지고 있다. 4차 산업혁명을 이끄는 핵심기술 중 하나인 가상·증강현실(VR·AR) 기술은 대표적인 언택트 기술이다.

포켓몬 고와 스냅챗이 증강 현실을 대중화시킨 이후로 거대 기술 기업뿐만 아니라 마케터들은 사용자들에게 해당 기술을 접목한 서비스 또는 경험을 더 많이 제공하기 위해 노력하고 있다.

가상현실은 자신과 배경 및 환경 모두 현실이 아닌 가상의 이미지를 사용한다.

반면, 증강현실은 현실의 이미지나 배경에 3차원의 가상 이미지를 겹쳐서 하나의 영상 또는 이미지로 보여 주는 기술이다.

증강현실 기술은 혼합현실(Mixed Reality, MR)이라고도 하는데 비행기 제조사인 보잉사에서 1990년께 비행기 조립과정에서 가상의 이미지를 첨가하면서 증강현실이 처음으로 세상에 알려졌다고 한다.

다음 소개하는 업체들은 AR 기술을 자사 브랜드에 적극적으로 도입하여 사용자들에게 새로운 패러다임의 브랜드 경험을 제공하고 있다.

특히 소비재 시장에서는 증강 현실을 활용하려는 시도가 꾸준히 이뤄지고 있다.

대표적인 글로벌 사례들을 살펴보고 국내 리테일 기업에서도 다양한 AR 마케팅이 더욱 활발해지면 좋겠다.

01. 가구업체: 이케아, 앤트로플로지, 로에베
02. 페인트업체: 듀럭스
03. 의류 피팅: 갭
04. 온라인 마켓플레이스: 아미카사, 탭페인터, 아마존
05. 신발업체: 컨버스, 아디다스
06. 유아 관련 업체: 빅, 퀴버

AR 적용 주요 기업들

AR와 VR이 가장 먼저 그리고 가장 많이 적용된 분야는 가구와 패션이다.

패션에 대해서 알아보자. 패션 업계가 오프라인과 온라인 매장에서 증강현실(AR, Augmented Reality) 기술과의 결합에 주력하고 있다.

패션 업계의 주요 대상층인 밀레니얼 세대가 기술 사용에 능숙하다는 특성을 고려해 대상층의 관심을 끌기 위한 증강현실(AR) 기술의 도입이 활발히 진행되고 있다. 온라인 시장의 성장세가 지속되고 있으므

로 패션업계는 오프라인 시장뿐만 아니라, 온라인 시장에서도 증강현실(AR) 기술을 선보이고 있다.

증강현실(AR)은 소비자와 브랜드가 상호작용할 수 있는 혁신적인 툴이다. 이 기술로 소비자들은 이를 통해 쇼핑 경험을 확장하고 있으며, 패션업계는 현실 세계와 애니메이션 디자인을 혼합하면서 소비자들에게 브랜드 친밀도를 높이고 있다.

오프라인 매장에 증강현실(AR)을 도입한 패션 브랜드 자라(ZARA)는 매장 내 윈도 디스플레이에서 가상의 모델을 선보였다. 소비자들은 디스플레이 앞에서 휴대폰을 들면 나타나는 모델을 통해 상품의 착용 모습을 확인했다.

자료원: vrscout.com

온라인 스토어에서의 증강현실(AR) 기술도 활발히 이루어지고 있다. 패션 브랜드 갭(Gap)은 소비자들이 어느 장소에서나 옷을 입어 볼 수 있도록 하는 'DressingRoom' 앱을 공개했다. 이 앱은 소비자가 자신의 보디 타입에 맞게 아바타를 커스터마이징할 수 있는 기능과 다양한 각도에서 상품을 착용한 모습을 볼 수 있는 기능을 제공한다. 커스터마이징이란 제품이나 물건을 고객이 원하는 대로 만들어 주는 것을 말한다. 일종의 맞춤 서비스다.

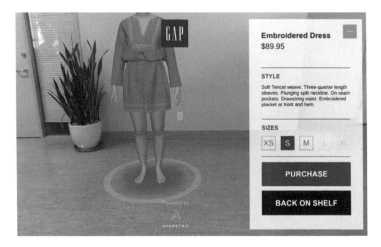

자료원: GAP

워너비(Wannaby)가 출시한 증강현실(AR) 앱 워너 킥스(Wanna Kicks)에서는 다양한 슈즈를 가상으로 착용해 볼 수 있다. 소비자가 카메라 앵글을 발에 맞추면 3D 모델 슈즈 디자인이 나타난다. 발을 움직여도 슈즈가 따라다니며 슈즈를 신은 채로 걸을 수도 있다.[6]

---

6 Wanna Kicks, a new AR app from Wannaby, lets you virtually 'try on' your next pair of kicks, [https://techcrunch.com/], 2019.1.

자료원: Wanna Kicks

워너비(Wannaby)가 출시한 증강현실(AR) 앱 워너 킥스(Wanna Kicks)에서는 다양한 슈즈를 가상으로 착용해 볼 수 있다. 소비자가 카메라 앵글을 발에 맞추면 3D 모델 슈즈 디자인이 나타난다. 발을 움직여도 슈즈가 따라다니며 슈즈를 신은 채로 걸을 수도 있다.[7]

자료원: WWD

7 Wanna Kicks, a new AR app from Wannaby, lets you virtually 'try on' your next pair of kicks, [https://techcrunch.com/], 2019.1.

캘리포니아 베이스의 디자이너 브랜드인 텐스 스트릿 햇(Tenth Street Hats)은 온라인 스토어 상품 페이지에서 증강현실(AR) 옵션을 제공한다. 'Virtual Try-On'이라고 태그가 된 제품을 선택하면 AR 버튼을 눌러서 모자 착용 샷을 볼 수 있다. 텐스 스트리트에 따르면 이 AR 기능을 통해 소비자 참여도가 33% 향상됐다.

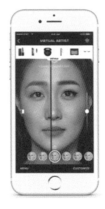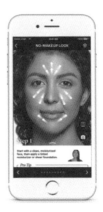

vrscout.com

뷰티 브랜드인 세포라(Sephora)가 런칭한 Sephora's Virtual Artist 앱은 휴대폰 카메라를 통해 다양한 메이크업을 시도할 수 있는 기능을 제공한다. 출시와 동시에 뜨거운 이슈를 불러일으킨 이 앱은 처음 8주 동안 무려 4,500만 번 사용됐다.

에프앤에스홀딩스가 운영하는 모바일 패션 소셜 매거진 '패스커(FASSKER)'는 자체 기술로 구축한 플랫폼을 통해 3D 모형화한 제품을 360도 돌려가며 상세한 정보를 확인할 수 있고, AR 카메라 기능을 통해 사실감 있는 간접 체험을 할 수 있는 콘텐츠를 구현한다. 단순히 3D로 제품을 보여 주는 것이 아니라 공간의 바닥면과 평면을 인식하고, 위치에 따른 빛에 반응하여 사실감 있게 제품을 보여 준다. 이를 통해 패션 브랜드와 사용자에게 차별화된 패션 경험을 제공한다.

이케아는 AR 기술을 접목한 '이케아 플레이스'를 출시해 원하는 곳에 미리 이케아의 가구를 배치할 수 있는 앱을 선보였다.

iOS뿐 아니라 구글 플레이스토어에도 2019년 출시했던 이케아의 증강 현실 서비스를 시작했다.

자료원: 이케아 플레이스

이케아 플레이스는 앱 내 지시를 따라 방을 스캔한 후 원하는 가구를 골라 배치하면 된다.

손가락으로 가구를 눌러서 움직일 수 있고, 배치 후에는 카메라를 움직여서 다양한 각도에서 확인할 수 있어 활용도 만점이라는 평가가 일색이다.

전문가들은 AR, VR 기술은 패션과 접목해 향후 발전 가능성이 큰 분야로 내다보고 있다.

다만 기술적 진화를 뒤로하고 이 기술이 패션 산업에 잘 정착하기 위해서는 해결해야 할 점들이 몇 가지 있다고 지적한다.

PR뉴스와이어의 수석 애널리스트인 닉 피닐은 AR 기반의 기술이 실제 구매 과정에서 고객이 원하는 정보의 모든 것을 제공해 줄 수 없으므로 구매 과정에서 오히려 방해될 수 있다는 의견을 제시하기도 했다.

하지만 이런 단점이 있다고 해서 AR이나 VR 기술을 멀리하는 건 기업 입장에서는 장기적으로 손해가 될 수도 있다.

피닐은 AR을 채택하는 매장이나 브랜드의 경우, 현장에서 근무하는 직원들이 쇼핑객들을 응대하는 데 있어 업무성과와 효율성이 높아질 수 있다고 덧붙이기도 했다.

또 2020년까지 전자상거래 수익의 3%가량이 AR 기반의 고객 경험에서 나올 거라 내다봤다.

전문가의 분석처럼 앞으로 많은 AR, VR 기술을 이용한 편리한 쇼핑 서비스들이 많아질 것이다.

미국 전자상거래 업체 아마존이 2020년 9월 모바일 애플리케이션에 명품 매장(Luxury Stores)으로 불리는 별도 섹션을 출범했다고 CNN과 CNBC 등이 같은 날 보도했다.

미국에서 코로나 여파로 고급 백화점들이 줄줄이 부도를 내면서 명품 의류 업체들의 유통채널이 좁아진 상황에서 아마존이 명품 매장 개설에 나서게 되었다.

국내도 2021년부터 반란(www.balaan.co.kr) 등이 유명 연예인의 TV 광고를 통해서 브랜드 가치를 인식시키고 단기간에 높은 매출을 얻고 있는 현상과 비슷하다고 볼 수 있다.

명품 매장은 현재 아마존의 유료 회원인 프라임 멤버십 가입자 중 초청을 받은 회원만 이용할 수 있다. 브랜드도 유명 패션 디자이너인 오스카 드 라 렌타의 의류만 입점해 있지만, 점차 입점 의류를 확대하고 초청 회원도 늘려나갈 방침이라고 한다. 아마존 명품 매장 이용자는 아파트 온라인 모델하우스처럼 360도 가상현실(VR) 방식으로 옷을 구경할 수 있으며 모델의 피부색이나 체형도 바꿀 수 있다.

스마트폰의 아마존 명품 매장 앱을 통해 옷을 고르는 모습
자료원:아마존

CNBC에 따르면 아마존의 유료 프라임 회원은 1억 5,000만 명을 넘었으며 지난 1년간 아마존 모바일 앱을 통한 패션 아이템 주문 건수는 10억 건 이상이었다.[8]

일본에서는 코로나로 각 지자체는 교육기관의 휴강, 재택근무 권장, 영업 및 외출 자중 요청 등을 추진하며 외출하는 사람들은 많이 감소하

---

8 아마존, 온라인 '명품 매장' 개설 가상현실로 '입어 보기' 기능도, 조선비즈, 2020.9.16.

였다. 생활과 경제활동에 제한이 생기는 가운데, 기업들은 조금이라도 소비자와 접점을 가지기 위해 자택에서 가볍게 체험하며 즐길 수 있는 AR과 VR 콘텐츠에 힘을 쏟기 시작했다.

판촉 도구로 증가하는 AR과 VR 콘텐츠 재규어 랜드로버는 AR을 활용하여 자택 등을 배경으로 신형 자동차를 운전할 수 있는 스마트폰 애플리케이션을 제공하기 시작했다.

애플리케이션을 기동하면 스마트폰의 카메라를 통해 화면에 비추어진 자택의 바닥 위에 신형 다목적 스포츠 자동차(SUV)의 모습이 나타나며, 장비와 색상 등을 자신의 취향대로 변경할 수 있고, 차량을 회전시켜 360도 다양한 각도에서 모습을 확인할 수 있다. 또한, 승차하였을 때의 시점에서 내부 장식을 볼 수도 있다.[9]

국내의 경우 롯데 하이마트가 2020년 스마트폰을 이용해 가전제품을 미리 배치해 보고 구매할 수 있는 AR 가상 배치 체험 서비스를 도입했다.

가전제품 실제 규격을 측정하여 3D로 구현한 가상 이미지를 360도 회전하며 살펴볼 수 있다. 화면을 터치해 간편하게 제품을 배치·이동·확대해 볼 수도 있다.

이용 방법은 간단하다. 모바일 앱에 별도로 마련한 'AR 체험' 메뉴에서 AR 서비스 지원 대상 제품을 선택하면 된다. 3D로 구현한 가전제품 가상 이미지는 360도로 돌려가며 살펴볼 수 있다.

제품에 따라 희망 색상 선택도 가능하다. 'AR 배치해 보기' 기능을 누르면 스마트폰 카메라가 현실 배경을 비춘다. 제품 가상 이미지를 돌리

---

9 급성장 기대되는 일본 AR·VR 시장을 잡아라, 코트라 해외시장 뉴스, 2020.5.18.

고 이동시키며, 거실·안방 등 원하는 공간에 배치해 보면 된다.

자료원: 롯데 하이마트

가상 이미지를 터치하면 제품의 실제 크기가 표시되어 한 눈에 볼 수 있다. 길이측정 기능을 통해 가상의 줄자로 제품이 놓인 공간의 크기도 측정할 수 있다. 미리 배치해 본 모습을 공유하는 즐거움도 있다. 가상 이미지 배치 화면을 캡처하면 자랑하기 기능이 나타나며, 자신의 주거 공간 모습을 공유하는 차세대 라이프 스타일관에 게시할 수 있다.

마켓 리서치 퓨처(Market Research Future)는 글로벌 AR 시장이 2023년 까지 매년 약 39%씩 성장할 것으로 예측했으며 사실 AR이 디지털 테크 놀로지 시장의 뜨거운 감자로 떠오른 것은 벌써 오래전 일이다. 하지만 오늘날 AR은 리테일 업계에서 또 한번 변화의 바람을 일으키고 있다.

리테일 업계가 AR이 선사하는 기술적 혜택을 다방면으로 누릴 수 있기 때문이다. 브랜드가 제공하는 앱에 AR 기능을 포함하고, 매장 내에 스마트 미러를 설치하는 것도 그중 한 가지가 될 것이다.

AR은 제품을 실제로 착용하거나 사용했을 때의 색상이나 스타일을 미리 보여줌으로써 소비자의 구매 불안을 완화하는 효과를 발휘할 것이다.

이 AR 기술은 단순히 화장품이나 의류 브랜드에만 유용한 것이 아니라 카펫, 가구, 페인트까지, 다양한 리테일 산업군에 AR을 활용한 기술을 적용할 수 있다.

이는 각기 다른 사람이나 방의 크기에 맞게 제품을 자유자재로 조절할 수 있어서 가능하다.

이처럼 고도로 발전한 AR 기술을 통해 소비자들이 현실 세계와 다를 바 없는 구매 과정을 체험할 수 있다.

온라인 고객과 오프라인 고객이 겪는 구매 경험의 격차를 해소하고, 그들이 감각적인 경험을 얻을 수 있도록 만들며, 이렇게 얻은 정보에 따라 구매 결정을 내릴 수 있도록 도와주는 것이 AR의 특징이다.

AR은 고객의 구매 여정을 풍부하게 만드는 기술이어야만 하며 고객에게 구매 행동으로 이어질 만한 유용한 정보를 제공하는 것이어야 하기 때문이다.

이와 더불어 VR의 경우 메타버스와의 융합을 통해 더욱더 발전할 가능성이 크다고 할 수 있다.

리테일 기업이 AR, VR을 언제, 어떤 수준으로 이용할지는 기술의 발달과 고객의 행동 변화가 이루어질 때 비로소 상승효과가 극대화될 것이다.

4. 새로운 결제수단 모바일 페이(캐시리스)

요즘 출퇴근하는 직장인 중에는 지갑을 따로 가지고 다니지 않는 경우가 많다. 현금은 물론 플라스틱 신용카드나 체크카드가 없어도 일상이 가능하기 때문이다. 어느덧 스마트폰만 있으면 대중교통부터 식당, 커피전문점까지 모두 불편 없이 사용이 가능한 세상이 된 것이다. 처음에는 범용성이 높은 삼성페이를 주로 썼으나 요즘은 뭘 사느냐에 따라 각각 다른 페이(간편결제 서비스)를 쓴다.

간편결제 회사마다 주력 할인 분야가 다르기 때문이다. 그래서 커피를 마실 때는 페이코를 쓰고, 온라인으로 식당을 예약할 때는 네이버페이를 쓰기도 한다.

요즘 이런 사람들은 어렵지 않게 찾아볼 수 있다. 스마트폰 보급이 보편화하고 모바일 쇼핑 비중이 늘어나면서 최근 몇 년 동안 간편결제 사용자가 급격히 늘었기 때문이다.

이처럼 이제 현금 없는 세상이 더는 낯설지 않다. 신용카드에서 시작돼 '도토리'로 대표되던 초기 전자화폐, 그리고 오늘날 일반적으로 사용되는 다양한 모바일 페이까지 현금 없이 얼마든지 원하는 물건을 구입할 수 있는 시대다. 여기에 더해져 NFT라는 대체 불가능 토큰(Non-fungible Token)이란 블록체인 기술을 이용해서 디지털 자산의 소유주를 증명하는 가상의 토큰(Token)까지 등장했다. 이는 아직 걸음마 단계이지만 기술의 발전과 더불어 이 또한 새로운 결제 수단이 될 날이 머지 않아 보인다.

이미 기술이 어느 정도 구축된 음성 결제, IoT 결제, 얼굴 인식 결제까지 보편화하면 이런 현상은 더욱 강화되고 있다.

현금 결제가 필요하지 않은 캐시리스(Cashless)화는 단순히 편리함에만 있지 않다. 이를 통해 무인화와 자동화가 촉진되고, 공유화와 서비스화가 가속화된다는 점이 더 중요하다.[10]

미국의 모바일 결제시장은 폭발적으로 성장하고 있다. 모바일 페이먼트는 간편함과 편리함, 안전성 등의 장점으로 향후 시장 성장 가능성이 크다.

단말기 제조업체, 금융기관, 일반 상점들이 경쟁적으로 모바일 결제 서비스를 런칭하고 있는 추세가 지속되고 있다. 이는 최근 강조되고 있는 소비자 경험과 깊은 연관성이 있으며 간편하고 안전한 모바일 페이먼트가 쇼핑의 만족감을 높여 주는 역할을 하기 때문이다.

모바일 페이먼트 시장이 뜨거워지면서 관련 스타트 업의 등장 및 투자 유치 경쟁도 치열해지고 있다.

소매업계와 금융업계의 모바일 페이먼트 수요 확대로 모바일 페이먼트 관련 기업의 M&A도 활발해지고 있다.

포브스는 Visa사에서 발표한 자료를 인용하면서 미국에서의 비접촉 결제시스템의 전체 사용량은 2019년 3월 이후 2020년 3월 기준으로 150% 증가했고, 2020년 연말 쇼핑시즌 동안 널리 채택되면서 월마트, Target, Kohl's 같은 대형 유통 소매업체들도 해당 시스템의 가용성을 홍보하고 있다고 보도하기도 했다.

---

10 [4차 산업혁명 이야기] 디지털 시대에 가속화되는 '현금 없는 사회', 한국경제, 2020.7.13.

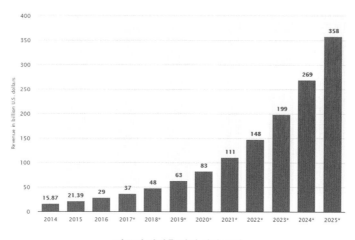

미국의 비접촉 결제 시장 수익

자료원: Statista, 2020.11.

리테일사 중에서 대표적으로 성공한 사례로는 스타벅스와 월마트를 들 수 있다.[11]

첫 번째로 스타벅스 앱은 로열티 프로그램과 페이먼트 시스템의 성공적인 결합으로 평가되고 있으며 2017년 기준 모바일 월렛을 통한 주문은 스타벅스 매출의 30%를 차지했다.

스타벅스 앱을 통해 각종 할인 혜택과 리워드를 제공하고, 메뉴 주문 및 결제를 할 수 있도록 함으로써 편리함을 증대했다. 한국 스타벅스(신세계)의 경우 스타벅스 대부분 매장은 현금을 받지 않는다.

서울시 25개 자치구에 있는 점포의 약 70%가 현금을 더는 받지 않는다. 하지만 고객들이 스타벅스를 이용하려면 신용카드로 스타벅스 카

---

11 미국 모바일 페이먼트 시장 현황. 2018.12.15. 미국 소매시장이 주목하는 비접촉 결제시스템 코트라 해외시장 뉴스, 2021.1.15.

드를 충전해야 하는 번거로움 있지만 이러한 결재 방법이 어느 정도 자리를 잡는 중이다.

두 번째로는 월마트 페이로 월마트 고객 편의 증대를 위해 월마트가 제공하는 월마트 페이는 런칭 12개월 만에 모바일 기기 중심의 모바일 페이 소비자 채택률을 따라잡았다.

고객이 계산대에서 모바일 기기를 이용해 비용을 지불하는 것 외에도 쿠폰, 프로모션, 기프트카드 이용을 통합적으로 관리할 수 있고, 온라인 쇼핑 기능과도 연계되어 있어 소비자 입장에서 편의를 극대화했다. 2017년 기준으로 월마트 쇼핑객의 절반에 가까운 47.2%가 월마트 페이를 사용하고 있다.

또한, 2020년부터 월마트가 매장 셀프 계산 시스템을 시범 진행하기로 했다. 이에 따라 계산원과 계산대의 물품 이동을 원활히 돕는 컨베이어 벨트 등이 사라질 전망이다. 현재 아칸소주 페이엣빌의 매장에서 해당 정책을 시범 진행 중인 월마트는 코로나로 고객 간의 접촉을 되도록 피하고 셀프 계산 시스템을 도입하면 물건을 구매하는 시간이 더 빨라지는지 확인하고 있다면서 시범 진행 결과 해당 시스템이 도입할 가치가 있으면 전국 월마트 매장에서 해당 시스템을 사용할 것이라고 발표하기도 했다.

월마트는 월마트 페이 앱을 사용해 노 콘택트 페이먼트 시스템을 도입하면서 월마트 페이 앱을 핸드폰에 도입한 소비자들은 카드들 꺼낼 필요 없이 휴대폰의 QR코드를 사용해 계산할 수 있기도 하다.

이는 국내 리테일 기업이 주로 사용하는 NFC 방식과 다르다.

최근 몇 년간 국내의 경우 최저인건비의 가파른 상승으로 리테일 기업들이 계산원 인건비와 생산성 향상을 위해 셀프 계산대 설치 비중을 매년 증가하고 있으며 이는 노사 간 갈등으로 이어지고 있는 상황이다. 그러나 점진적으로 주유소가 셀프 계산으로 바뀐 것 같이 리테일 기업의 유인 계산대는 셀프 계산대로 변하게 될 것이다.

미국 아마존은 계산대에 줄지어 결제할 필요가 없는 점원 없는 슈퍼마켓 아마존 고 그로서리(Amazon Go Grocery)에서는 이미 2018년부터 점원 없는 편의점 아마존 고(Amazon Go)를 열기 시작해 2021년까지 매장 수를 29개까지 늘렸다.

아마존 그로서리
자료원: 아마존

또 그 밖에도 캐시리스 결제 시스템을 공항이나 영화관에 도입하는 것도 검토하고 있다. 그뿐 아니라 2018년 말 계산대가 필요 없는 무현금 결제 시스템을 대형마트에서 운용할 가능성도 보도됐지만, 마침내 이번에 이를 실현한 아마존 고 그로서리를 선보인 것이다.

아마존표 슈퍼마켓에선 흔히 볼 수 있는 고객이 계산대 앞에 늘어선 모습을 없애기 위해 아마존 고에서 운영 중인 점원 없는 무현금 결제 시스템을 도입했다. 아마존이 연 점원 없는 슈퍼마켓은 아마존의 본거지인 미국 시애틀에서 열었다.

아마존 그로서리의 운영시스템은 슈퍼마켓에 들어갈 때 아마존 전용 앱을 켜고 역 개찰구 같은 곳에 기기를 대면 된다. 점내에 카메라와 센서가 설치되어 있으며 이를 통해 구매자가 선반에서 구매자가 가져온 제품을 추적해 요금을 아마존 계정으로 청구하게 된다.

이 무현금 결제 시스템은 기본적으론 아마존 고와 똑같다. 아마존 고 그로서리의 매장 면적은 970㎡로 아마존 고보다 5배 이상 크다.

아마존은 2017년 유기농 슈퍼마켓 체인인 홀푸드를 인수한 이후 온라인 식료품 배달 서비스를 확충해 왔다. 하지만 미국 내 4,700개 매장을 보유한 월마트에는 아직 뒤처져 있다. 미국 내 식료품 시장은 8,000억 달러 규모이기 때문에 아마존 고나 프레시, 고 그로서리 같은 서비스는 이 시장에 본격적으로 아마존이 참전하려는 의지의 표현이라고 할 수 있다. 아마존 외에도 세븐일레븐이 미국 텍사스주에 직원을 위한 매장에서 무현금 결제 시스템을 테스트 중이다.

중국은 거지도 구걸하려면 QR코드가 필요하다는 말이 있을 정도로 QR코드를 활용한 모바일 간편결제가 발전한 나라다. 알리바바의 알리페이는 시장점유율 55.1%이며 텐센트의 위챗페이는 시장점유율이 38.9%이며 이 페이가 시장을 주도하고 있다.[12]

---

12 中은 'QR코드 천국' 알리페이·위챗페이 주도, 한경닷컴, 2020.7.31.

파이낸셜타임스에 따르면 2019년 기준 중국 간편결제 시장 규모는 6,540억 위안(약 112조 원)으로 비자카드와 마스터카드의 세계 결제액 합계를 넘어섰다. 알리페이와 위챗페이는 모두 QR코드 결제를 지원한다. 이 때문에 중국에서는 지갑은 두고 나와도 휴대폰 충전기는 챙겨야 한다는 말이 있을 정도다.

일본은 프랜차이즈 레스토랑, 리테일 업계 등을 중심으로 언택트와 탈 현금화를 연계해 소비자를 안심시키기 위한 서비스를 도입하려 움직이고 있다. 규동 전문점인 마츠야는 아예 결제단말기를 사용하지 않고, 소비자 본인의 스마트폰만으로 주문을 마칠 수 있는 모바일 오더 서비스를 도입했다.

이 서비스를 이용하는 소비자는 스마트폰으로 미리 주문과 결제를 해 두고, 점포에 방문해 음식만 받아갈 수 있다. 슈퍼마켓을 운영하는 이온 리테일은 렌털 스마트폰 레지고를 도입했으며 카메라 기능을 활용하여 상품 바코드를 읽은 후, 상품은 쇼핑바구니에 담고 계산은 전용 셀프 계산대에서 단시간에 끝낼 수 있다. 렌털 스마트폰은 다음 사람이 사용하기 전 철저히 소독하기 때문에 감염 우려가 없다.[13]

'터치 결제' 가능한 비접촉식 신용카드를 단말기에 가져다 대는 즉시 결제가 완료되는 비접촉식 신용카드도 빠르게 보급되고 있다. Visa Worldwide Japan에 따르면, 비접촉식 신용카드의 결제 건수는 지난해보다 2020년 3월 약 8배, 6월 약 12배로 급격히 증가했다. 비접촉식 결제가 가능한 신용카드도 2020년 6월 누계 2,840만 장이 보급되어 지난해 같은 기간보다 약 1.8배에 달했다.

---

13 언택트로 떠오르는 일본의 캐시리스(비현금결제) 트렌드, 코트라, 2020.8.

'터치 결제'가 가능하다는 점에서는 Suica 등 교통카드와도 유사하지만, 교통카드와 달리 미리 충전할 필요가 없어 인기를 끌고 있다.

신개념 캐시리스 서비스 활용 예시
자료원: 닛케이 트렌디

일본 캐시리스 시장이 성장하고 있다. 코로나로 현금을 손으로 전달하는 것을 꺼리는 분위기가 퍼지며 캐시리스 결제 시장은 앞으로도 더욱 성장할 것으로 기대된다.

국내에서 불과 10년 전만 하더라도 인터넷 쇼핑을 할 때 가장 큰 불편함은 결제였다. 공인인증서나 보안카드를 통한 본인 인증, 계좌이체, 무통장 입금 등의 귀찮은 절차가 꼭 필요했기 때문이다. 2010년대 중반 들어서는 간편결제라는 신세계가 열리면서 지문 한 번이면, 4~6자리 비밀번호를 입력하면 결제가 한 번에 끝났다.

온라인과 모바일에서의 결제 과정을 획기적으로 단축할 수 있어 구매 편의성이 높으며 쇼핑 과정에서 고객의 번거로운 요소를 줄인다는 것은 만족도를 높이는 길이기 때문이다.

고객의 쇼핑 이용 기록과 소비 패턴 등 데이터를 분석해 맞춤형 마케팅을 구현할 수도 있으며 충성도는 덤이기 때문에 소비의 중심에 선 리테일 기업들이 'ㅇㅇ페이'를 내놓았던 이유이기도 하다.

이처럼 주요 리테일사는 온라인 간편결제 서비스 영역 확장에 일찍부터 뛰어든 상태다.

신세계는 SSG페이, 롯데는 엘페이, 쿠팡은 쿠페이, 티몬은 티몬페이 등 대표적 리테일사가 내놓은 간편결제 서비스만 해도 네 개다.

SSG페이와 엘페이는 그룹 간편결제 서비스로 쓰이고 있다. 신세계는 그룹 자체적으로 SSG페이를 지원하고 있다. SSG페이는 유통기업들이 내놓은 간편결제 애플리케이션 중에서 처음으로 오픈뱅킹 서비스를 내놓는가 하면, AI 기반 챗봇을 선보이기도 했다.

SSG페이를 운영하는 신세계 그룹이 운영하는 이마트 노브랜드의 경우 2021년 6월 기준 전체 280여 곳 매장 가운데 약 20%가 이달 초 현금 없는 매장 시범 운영에 들어갔다. 시범 운영 기간이 끝나면 7월부터 현금 없는 매장으로 정식 전환되며 이곳 매장에서 쓸 수 있는 결제 수단은 신용, 체크카드와 SSG페이, 삼성페이, LG페이, BC페이 등이다.

롯데는 롯데백화점과 롯데마트 등 롯데그룹 쇼핑몰을 한데 모은 온라인몰 '롯데온(ON)'을 출범시키면서 엘페이를 함께 탑재했다. 별도로 엘페이 앱이나 엘 포인트 앱을 깔지 않아도 롯데온 앱만 있으면 전국 15,000여 개 롯데 오프라인 매장과 최대 50만 개 가맹점에서 엘페이 결제가 가능하다.

롯데는 롯데온의 강점으로 온·오프라인의 고객 데이터 통합을 이용한 개인 맞춤형 서비스를 꼽았다. 롯데 멤버스 회원 3,900만 명의 구매 빅데이터를 인공지능(AI)으로 분석하고 상품 속성을 400여 가지로 세분화해 고객의 취향을 정교하게 파악해 상품을 추천해 줄 수 있다는 것이다.

코로나 팬데믹으로 캐시리스 사회가 성큼 다가왔다. 사람들은 오프라인 상점을 직접 찾는 대신 온라인으로 물건을 구입하고, 거스름돈을 주고받아야 하는 현금 대신 접촉을 최소화할 수 있는 카드나 디지털 결제를 이용하고 있다. 카드사, 디지털 결제 플랫폼 등 관련 업계는 '캐시리스 혁명'을 앞당길 절호의 기회를 잡은 것이다.

코로나로 뉴노멀이 된 비대면, 비접촉 문화는 이미 진행 중이던 캐시리스 사회로의 변화에 터보 엔진을 달아준 셈이다.

소비자들은 현금 대신 카드와 모바일 앱을 내밀고 상점들은 키오스크 같은 무인단말기 도입을 서두르고 있다. 유엔이나 각국 정부도 공중보건을 이유로 현금 대신 다른 결제 수단을 권장하고 있다.

결제 전문 컨설팅회사 RBR의 모르텐 요르겐센 이사는 NYT에 "우리는 정부, 기업, 가계 등 모든 경제 주체가 사회적 상호작용의 표준과 운영 모델을 재고해야 하는 놀라운 세계적인 실험을 겪고 있다"면서 접촉이 줄어드는 세계가 도래했다고 발표했다. 이처럼 사람들의 습관이 변하고 있는 것이다.

5. 차세대 물류로봇

기술의 발전과 선진국의 생산가능인구 감소로 자연스럽게 대체 노동력에 관심이 높아지고 있다.

리테일 역시 제품 생산부터 물류, 배송, 서비스에 이르기까지 인간의 노동력이 필요하지 않은 부분이 없다.

그래서 더욱더 대체 노동력에 관심이 많기도 하다. 최근 코로나 사태에서 발생한 쿠팡의 풀필먼트에서 노동자 코로나 감염은 근로자의 위생 및 건강관리의 이슈와 더불어 기업의 생산성과 수익이라는 문제를 대두하기도 했다.

이처럼 물류 부분부터 매장 내 서빙까지 인간의 노동력의 대체할 수 있는 로봇에 대한 관심이 자연스럽게 증가하고 있다. 미래학자 마틴 포드는 미래학자 마틴 포드는 "코로나19가 소비자의 패턴을 바꾸면서 자동화라는 새로운 기회의 문이 활짝 열렸다"고 말하기도 했다.

보편적으로 로봇은 산업용 로봇과 서비스 로봇으로 구분 지을 수 있다.

산업용 로봇은 산업 현장에서 사용되는 자동화 로봇, 인간과 협력하는 코봇(co-bot), 인간의 안전과 작업 능력을 향상해 주는 웨어러블 로봇 등으로 진화하면서 적용 분야가 확대되고 있다.

서비스 로봇은 물류, 배송, 전문서비스 로봇으로 구분되며 전문 서비스 로봇은 의료, 서빙, 요리 등 다양한 인간의 활동영역에서 활용된다. 먼저 같은 작업 공간에서 인간과 상호작용하는 코봇(co-bot)은 산업현장에서 포장·기계 사용을 위한 구성요소 로드와 언로드, 조립 등에 이용된다.

시장조사기관인 Grand View Research에 의하면 글로벌 코봇 시장 규모는 2018년 6억 6,100만 달러로 2019년에서 2025년까지 44.5%의 연평균성장률(CAGR)을 보일 것으로 조사됐으며, 해당 보고서에서 주목하는 코봇 시장 성장 요인과 미국 코봇 시장 전망은 다음과 같다.

구분	성장요인
1	중소기업 채택 증가
2	제조 프로세스 자동화의 가속화 및 이에 대한 투자 증가
3	스마트 부품 조립 및 전자 제품 조립 분야의 이용 증가
4	높은 페이로드(payload) 용량을 요구하는 작업에 대한 수요 증가
5	센서, 소프트웨어 및 EOAT(End of Arm Tooling)과 같은 관련 기술의 발전

글로벌 코봇 시장 성장요인

자료원 : Grand View Research

상기와 같이 페이로드 용량을 기준으로 코봇 시장 전망을 구분해 볼 수 있는 바 특히 10kg 페이로드 용량을 초과하는 코봇은 정밀성과 신뢰성이 높아서 시장 전망이 밝으며, 예측하는 동안 46.2%의 연평균성장률을 보일 것으로 예측됐다.[14]

최근에는 코로나로 인해 제조 산업 영역에서 기존의 생산기지의 글

---

14 포스트 코로나 시대, 4차 산업혁명은 어디로? ③ 차세대 로봇, 미국 실리콘밸리 무역관, 2020.5.25.

로벌화가 크게 타격을 입으면서 기업이 위치한 지역이나 자국 중심으로 밸류 체인(Value Chain)이 강화되는 추세다.

이런 현상으로 모든 제조 과정이 자체적으로 해결해야 해서 해외에 임금이 싼 노동력을 활용할 기회마저도 잃어버리게 되는 것이다.

결과적으로 생산 제조 비용이 증가하게 되고 생산 인력은 감소하므로 기업들은 생산성을 높이기 위하여 자연스럽게 로봇 도입을 고려하게 된다. 기술의 발달과 언택트 환경은 로봇 수요의 증가와 도입을 촉진하는 역할을 하는 것이다.

이러한 상황에서 제조 현장의 인력 투입을 줄이고 전염 위험도를 낮출 수 있는 코봇은 포스트 코로나 시대에 시사하는 바가 크다.

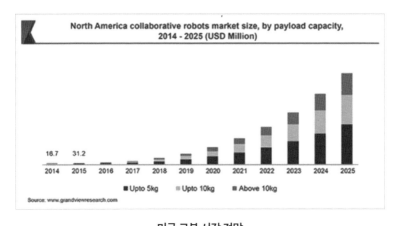

미국 코봇 시장 전망

자료원: Grand View Research

두 번째로 물류 로봇은 서비스 로봇 중 하나로 인공지능기술의 융합, 사물인터넷 기술, 자율주행기술을 통해 물류 효율 향상을 목적으로 물류센터, 공장 등에서 사용되는 로봇 시스템으로 물품의 포장·분류·적재 및 이송과정에 주로 활용되는 로봇을 의미한다. 이는 리테일 변화에 많은 역할을 하고 있다. 실제로 미국에서는 구글, 아마존 등 글로벌 기업들이 물류 혁신을 위한 로봇 기술을 도입하고 있으며, 물류 효율이 각국의 산업 경쟁력을 좌우하는 등 물류 산업이 미래 핵심 산업으로 등장하고 있어 서비스 로봇 분야 중에서도 가장 유망하고 성장잠재력이 높은 분야이다.

시장조사기관인 리서치 앤 마켓(Research and Market)에 의하면 글로벌 물류 로봇 시장은 2018년에 4조 3,562억 달러를 기록했으며, 2019년부터 2027년까지 19.1%의 CAGR로 성장해 2027년에 20조 2,293억 달러 규모에 이를 것으로 예상된다.

북미 시장은 2018년 글로벌 물류 로봇 시장에서 아시아-태평양 시장에 이어 2위를 차지했으나 2019~2027년의 예측 기간 가장 높은 시장 성장률을 보일 것으로 관측됐다.

특히, 아마존이나 쿠팡과 같은 전자 상거래 및 소매업체는 물류가 전체 공급망에서 중요한 역할을 하므로 로봇의 역할은 더욱 확대되고 중요해질 전망이다.

마지막으로 차세대 서비스 로봇은 외부 환경을 인식하고 스스로 상황을 판단해 자율적으로 동작하고 반응해 의료, 헬스케어, 재난, 농업, 교육 등 다양한 분야에서 사용될 수 있다.

코로나로 대두되고 있는 각종 사회문제를 서비스 로봇이 해결하면서 서비스 로봇에 대한 긍정적인 인식이 증가하고 서비스 로봇을 통해 기업 입장에서는 생산성 향상으로 개인의 삶의 질 향상을 도모할 수 있을 것으로 기대된다.

사람과 협력하는 차세대 로봇인 코봇, 물류 로봇, 서비스 로봇은 앞으로 발생하는 다양한 문제를 해결하고 각 산업 현장 또는 민간 부분에서 새롭게 발굴되는 수요를 충족시킬 수 있는바 전문가들은 향후 더욱 많은 기업이나 조직들이 차세대 로봇 기술을 채택할 것이라고 보고 있다.

대표적인 리테일 기업인 아마존과 월마트의 로봇 도입 및 준비 사례를 살펴보면 다음과 같다.

아마존 고객센터에서 로봇들이 상품이 실린 선반을 나르고 있다.
자료원: The Verge

첫째, 아마존은 상품을 더 빨리 배송하기 위해 수십억 달러를 소비하고 있다. 아마존은 2019년 기준 물류비용으로 350억 달러(41조 6,000억 원) 넘게 썼으며 이는 2년 전과 비교하면 두 배 이상 늘어난 규모다.

아마존의 소비자사업부 제프 윌케 최고경영자(CEO)는 CNN과의 인터뷰에서 "우리가 배송 드론 편대를 모두 갖추게 되면 해당 지역에서는 모든 주문 상품을 30분 이내로 받을 수 있게 될 것"이라며 이는 로봇 군단이 함께 하기 때문에 가능한 일이라고 말했다.

아마존은 미국과 전 세계에 걸쳐 많은 돈을 투자해 고객센터 네트워크를 구축했다. 각 고객센터 안에는 서비스를 보다 빠르고 효율적인 비용을 가능하게 해 주는 로봇 군단이 있다. 그 로봇들이 같은 시간대 배달이라는 새로운 시대의 길을 닦을 것이다.

이 모든 것은 아마존이 2012년에 7억 7,500만 달러(9,200억 원)를 들여 로봇 스타트업 키바 시스템(Kiva System)을 인수하면서 시작됐다. 현재는 20만 대의 키바 로봇이 아마존의 고객센터를 누비며, 아마존이 키바를 인수한 이후에 고용한 50만 명의 근로자들과 함께 일하고 있다.[15]

아마존 배달로봇 아마존 스카우트(Amazon Scout)

자료원: Tech Crunch

---

15 "배송은 30분 내로" 아마존의 로봇 배송 미래, 이코노믹리뷰, 2019.12.19.

배달 시간을 줄이고 경쟁자들보다 앞서기 위해서 아마존은 더 많은 로봇이 필요할 것이다.

아마존은 또 보도(步道)를 다닐 수 있는 배달 로봇도 테스트하고 있다. 아마존은 자율주행 차에도 투자했다.

아마존의 배달 로봇은 물론 더 큰 성공을 가져올 수 있지만, 고객센터처럼 통제할 수 있는 환경에서 운영하는 것보다 더 어려운 도전에 직면할 수도 있다.

또한, 아마존을 대표하는 것에 드론이 있다. 아마존은 6년 넘게 드론을 연구했는데, 언젠가 규제 당국이 허락하기만 하면 고객 뒷마당에 상품을 떨어뜨릴 것이다.

아마존은 6년 넘게 드론을 연구
자료원: Medium

2021년 12월 현재 미국 연방항공청(FAA)이 0.25kg 이상 무인 비행기가 시내를 운항할 수 있도록 하는 법안을 준비하고 있다. 이 법안이 발효될 경우 아마존이 준비하고 있는 드론 배송이 가능하게 된다.

FAA가 새롭게 준비 중인 규정에 따르면 드론들은 리모트 ID란 새로운 시스템을 통해 식별 번호를 필수적으로 방송하도록 했다. 정부의 중앙 통제국에선 이 식별번호를 이용해 드론을 추적하게 된다.

　또 야간 비행을 할 때는 충돌방지 등을 필수적으로 켜야만 한다. 드론을 운전하는 사람은 반드시 면허증을 소지하도록 했다.

　더불어 알파벳, 페덱스, UPS 같은 주요 업체들도 모두 드론 배송에 투자하고 있다.

　컨설팅 그룹 맥킨지의 한 연구는 로봇과 자동화로 인해 2030년까지 3억 7,500만 명에 이르는 근로자들이 자신의 직업 범주를 변경해야 할 것이라고 경고했다.

　로봇산업 분석가들은 아마존이 로봇과 자동화를 전체 운영에 추가하는 것은, 효율성과 고객 만족에 초점을 맞추고 있는 것을 고려할 때, 불가피하다고 설명했다.

　로봇 등의 자동화가 사람에게서 일을 빼앗아가는 것은 쉽게 보지만 자동화가 새로 창출하는 일은 잘 보지 못하는 경향이 있다.

　두 번째 리테일 기업인 월마트가 자동화된 도우미로 더 똑똑하게 작업하는 방법이라는 자료를 통해 미국 내 매장을 중심으로 진행되고 있는 로봇 직원 고용 현황을 공개했다. 직원들이 하기 싫어하거나 시간이 많이 소비되는 일들을 로봇들이 맡게 되면 직원들은 영업 현장에서 고객과 직면 대면하거나 독창적인 일을 할 기회를 더 많이 얻을 수 있다는 것이 월마트의 설명이다.

　사람들은 싫어하거나 힘든 일을 꺼리지만, 로봇은 이런 일을 마다하지 않기 때문에 앞으로 기업의 입장에서는 초기 높은 투자비가 발생하더라도 로봇 직원고용을 지속해서 증가시킬 것이다.

월마트 네 종류의 자동화 도우미(Automated Assistants)
자료원: www.walmart.com

월마트가 소개한 자동화 도우미(Automated Assistants)는 오토-S(Auto-S), 오토-C(Auto-C), 픽업 타워(Pickup Tower), 패스트 언로더(FAST Unloaders) 네 가지다. 네 가지 자동화 도우미는 평범하고 반복적인 작업이나, 사람이 할 때 많은 시간이 소요되는 작업에 기존 직원을 대신해 투입되고 있다.

오토-S는 매장 선반에 진열된 상품들을 스캔해, 재고 상황과 배열 위치, 가격 등의 정보를 수집하는 로봇으로, 미국 내 매장에 300대가 추가로 배치된다.

오토-C는 바닥 청소용 로봇이다. 약 1,500개 매장에 배치된 오토-C는 매장 통로를 오가며, 바닥을 청소하고 광을 내도록 프로그래밍 되어 있다. 한 사람의 작업자가 2~3시간 걸리던 일을 오토-C가 대신할 수 있게 되면서, 그만큼 시간과 비용을 절감할 수 있게 된 것이다.

픽업 타워는 온라인으로 상품을 주문하고, 매장에서 픽업하기를 원하는 고객들을 위한 도우미다. 고객이 온라인 주문 과정에서 매장 픽업을 선택하면, 담당자가 이를 픽업 타워에 비치한다. 제품이 픽업 타워에 입고되면, 주문한 고객에게 메일로 알림을 보내고, 고객은 매장에 비치된 픽업 타워에서 구매한 물건을 찾으면 된다.

약 1,200개 이상이 도입된 패스트 언로더는 말 그대로 매장에 배송된 상품들을 빠르게 내리고 분류하는 데 활용된다. 배송 트럭에서 내린 상품들이 컨베이어 벨트를 따라 이동하면, 우선순위나 보관할 위치에 따라 자동으로 선반 스캐너를 통해 분류된다. 이러한 패스트 언로더 덕분에 재고 파악은 물론이고, 창고에 있는 상품을 판매 층으로 옮기는 작업도 편리하고 효율적으로 처리할 수 있다.[16]

또한, 2020년 1월 월마트는 물류창고 로봇 알파봇을 공개하며 아마존과 같은 온라인 리테일 기업과 경쟁을 위한 오프라인 리테일 거인으로서의 향후 미래 모습을 제공했다.

아마존의 거대한 온라인 풀필먼트 네트워크와 경쟁하기 위하여 월마트는 온라인 풀필먼트 서비스 제공을 위해 혁신이 필요하다 판단하고 물류창고 로봇 스타트업 Alert Innovation과 독점적 협력관계 구축을 통해 월마트 풀필먼트 서비스에 특화된 물류창고 로봇 알파봇(Aphabot)을

---

16 '재고 점검, 상품 분류, 청소…' 월마트의 로봇 4종 활용법, CIO, 2019.4.11.

자사 물류창고에 성공적으로 도입한 것이다. 약 20,000제곱피트 규모의 물류창고 공간에 대규모 보관시설을 설치하고, 물류창고 로봇 알파봇이 작업자와 협력하여 온라인 주문에 대해 피킹 작업을 진행한다.

월마트는 미국 내 3,000개 매장 중 신선식품 배달이 가능한 매장이 1,000개로 급성장하는 온라인 신선식품 배송 경쟁에서 어려움을 겪고 있어 추후 온라인 풀필먼트 자동화에 대한 대규모 투자하고 있다.

또 다른 사례로는 미국, 유럽의 배달 로봇이다.

서비스용 로봇 중 최근 인기를 끌고 있는 것은 바로 배달 로봇이다. 수 km 내외를 배달할 수 있는 로봇은 현재 미국의 실리콘 밸리와 유럽에서 상용화되는 추세다.

월마트 알파봇
자료원: 월마트

스타십 테크놀로지스(Starship Technologies)의 물건을 배달하는 무인 택배 배달 로봇은 6개의 바퀴로 움직이는 이 로봇은 평균 6.4km/h로 움직이며 내장된 지도와 GPS, 자이로스코프, 9대의 카메라 등의 센서를 이용해 장애물을 피해 목적지까지 이동한다.

약 9kg까지 물건을 실을 수 있어 배달 음식이나 의약품, 가벼운 생필품을 배달하는 데 적합하다. 특히 고객은 전용 앱을 통해 실시간으로 배송 여부를 추적할 수 있으며, 주문자에게만 전송되는 PIN 코드를 통해 물건을 찾을 수 있다.

스타십 테크놀로지스의 배달 로봇
자료원: 스타십 테크놀로지스

단점은 메인 스테이션에서 최대 5km까지만 이동할 수 있으므로, 곳곳에 메인 스테이션을 설치해야 한다는 점이다. 하지만 배달 후 메인 스테이션으로 복귀한 이 로봇은 다음 배달 전까지 스스로 충전을 하는 기능은 장점으로 꼽힌다.

법률적 논란은 있지만, 이미 미국과 유럽을 중심으로 퍼지고 있는 배달 로봇은 그 영역을 점차 확대해 나아가고 있다.

영국 리테일사인 테스코도 로봇을 이용한 상품 배송 서비스를 추진하고 있다. 테스코는 반경 4.8km 이내의 매장이나 배송 허브에서 물품을 운반하고 고객은 스마트폰을 이용해 진행 상황을 추적할 수 있게 된다. 테스코는 배송 로봇이 수백 명의 배달 직원 역할을 할 것으로 기대하고 있다.

국내의 경우 스마트폰으로 주문하면 인공지능(AI) 로봇이 배송하는 편의점 배달 서비스 시대가 열렸다. GS리테일은 서울 강서구 LG사이언스파크 내에 있는 GS25 점포에서 스마트폰으로 주문받은 상품을 인공지능 로봇이 직접 배달해 주는 서비스를 업계 최초로 시작했다.

GS25 배달 로봇 '딜리오'

자료원: GS리테일

인공지능, 초음파 센서, 자율 주행 기능, 안전장치 등의 최첨단 기술이 집약된 배달 로봇의 이름은 '딜리오'다. 딜리오는 LG전자 로봇에 GS25가 딜리버리(Delivery)와 GS25를 합성해 붙인 이름이다.

딜리오 배달 서비스는 카카오톡 주문하기를 통해 고객이 GS25 상품을 주문하는 것으로 시작된다. 고객 주문이 완료되고 고객 정보가 GS25 점포로 전달되면 점포 근무자가 로봇에 상품을 적재하고 고객 정보(연락처)와 목적지(건물 층수)를 입력한다.

이후 로봇은 카메라 모듈을 통해 학습하고 이미지화한 건물 지도를 기반으로 목적지까지 최단 거리로 자율 주행을 시작한다. 엘리베이터 이용이 필요한 경우 로봇은 무선으로 엘리베이터를 호출해 스스로 탑승 후 목적지까지 이동한다.

목적지에 도착한 로봇은 고객 휴대폰으로 직접 전화를 걸어 상품이 도착했음을 안내하고 상품 수령 시 입력해야 하는 비밀번호를 문자 메시지로 발송한다. 고객은 로봇 머리 위치에 장착된 모니터에 비밀번호를 입력하고 자동 잠금장치 서랍을 개방한 후 상품을 최종 수령할 수 있다.

GS25 점포에서 LG사이언스파크 내 가장 먼 배달 목적지(9층)까지의 이동 소요 시간은 약 5분이며 기존 배달 서비스와 달리 별도의 배달료는 없다.

GS25는 LG전자와 함께 1호 배달 로봇 '딜리오'가 수행하는 배달 데이터를 분석해 보완하는 등 로봇 배달 서비스를 고도화하는 과정을 거쳐 GS타워, 파르나스 타워 내 위치한 GS25 점포로 로봇 배달 서비스를 순차적으로 확대해 갈 계획이다.

제가 수년간 몸담은 GS리테일의 혁신활동은 다른 어떤 리테일 기업보다 뒤지지 않는다고 생각한다.

그러나 철저한 검증과 효율성을 측정하여 성공 가능성이 높은 것에 대해서만 적용하다 보니 속도가 좀 늦고 전체적인 도입과 실행률이 낮은 것이 단점이다. 하지만 혁신활동은 기업의 발전의 원동력이 된다고 생각한다.

국내 리테일 기업에서 가장 활발하게 로봇 개발에 나선 곳은 이마트다. 이마트는 자율주행 스마트 카트 '일라이(eli)'를 선보이며 로봇 상용화의 신호탄을 쐈다.

자율주행 스마트카트 '일라이(eli)'
자료원: 이마트 제공

이마트의 디지털 혁신 전문가 집단인 S랩에서 개발한 일라이는 사람이 직접 밀 필요 없이 자율 주행하고, 결제기능까지 갖췄다. 사람을 따라다니는 팔로잉 기능도 있으며, 주차장에서 차에 물건을 실으면 카트 수거 장소로 스스로 복귀하기도 한다.

또한, 최초로 토르 드라이브와 협업해 당일 배송용 자율주행차 '일라이고(eligo)'를 선보였다.

이마트 여의도점에서 시범 운영 중인 일라이고는 고객이 장을 본 뒤 키오스크를 통해 신청하면 자율주행하는 배송로봇이다. 매장에서 배송지까지 모든 경로 지도가 내장돼 최적의 경로를 알아서 찾아간다. 아직은 완전 무인 자율주행은 아니다. 도로가 아닌 아파트 단지 내에선 직원이 수동 운행한다.

또한, 롯데그룹의 외식 계열사 롯데지알에스도 최근 빌라드샬롯 잠실월드몰점에서 자율주행 서빙 로봇 '페니(Penny)'를 시범 운영했다.

서빙 로봇 페니
자료원: 롯데그룹

페니는 배민의 서빙 로봇 딜리와 유사하다. 직원이 음식을 로봇에 올려놓고 태블릿에 목적지를 누르면 자율주행으로 고객 테이블 앞까지 이동한다.

고객이 음식을 모두 꺼내면 자동으로 대기장소로 이동해 다음 서빙을 기다린다. 특히 혼잡한 식당에서 장애물 자동 감지 기능을 갖췄고, 음식을 쏟거나 음식이 넘칠 사고를 미연에 방지하는 기능도 탑재했다.

서빙 로봇은 대기업뿐만 아니라 소상공인 점포까지 급격하게 도입이 되는 실정이다.

최근에는 이처럼 인공지능, 사물인터넷, 빅데이터, 클라우드 컴퓨팅 등 4차 산업혁명의 주요 기술들이 로봇 기술과 융합하면서 로봇 기술은 더욱 빠른 성장세를 보인다.

이들 로봇 기술 중에서도 기존의 로봇과 차별화되는 상황판단기능과 자율 동작 기능이 추가돼 사람과 협력하는 차세대 로봇의 역할이 그 어느 때보다 주목받고 있다.

4차 산업혁명 시대에 인간을 대체할 로봇 개발은 계속될 것이며 특히 고객들이 점원들과 불필요한 접촉을 피하는 비대면(Untact) 서비스에 대한 선호도가 높아지면서 자율주행 로봇 상용화는 더욱 확대될 것으로 전망된다.

3장

포스트 코로나 시대 리테일 전략

1. D2C 판매전략

포스트 코로나 이후 트렌드의 가장 큰 변화는 온라인 활동이 일상생활에서 차지하는 비중이 계속하여 확대되고 있으며 온라인 쇼핑 등 플랫폼 서비스는 현재 리테일 시장에서 지배적인 역할을 하고 있다.

또한, 이러한 트렌드를 활용한 D2C 비즈니스 영역 확대가 본격화되면서 미국을 시작으로 소비재 유통시장이 구조적으로 변화되고 있다.

D2C(Direct to Consumer)는 제조사가 가격 경쟁력을 높이기 위해 중간 유통 단계를 제거하고 온라인 자사몰, 소셜미디어(SNS) 등에서 소비자에게 직접 제품을 판매하는 방식이다.

D2C는 대형 리테일사가 운영하는 유통채널에 입점할 수 없는 초기 창업자가 택할 수밖에 없는 소자본 창업 또는 전통 제조업체가 자신들의 브랜드를 알리고 새로운 시장을 개척하여 매출 만들기 위해 자사 쇼핑몰을 개설하는 수준의 유통 업태로 분류됐다.

그러다 최근 10년 사이 추세가 많이 바뀌었다. 이제 업계에서는 제조업체와 기획단계부터 협업해 틈새시장 제품을 만들고 이를 설득력 있는 상세페이지, 영상, 사진 등을 구비한 자사몰로 고객을 유인해 직접 결제하게 만드는 업체까지 D2C로 보고 있다.

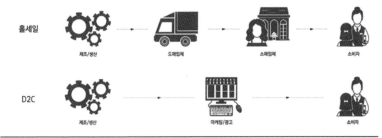

DTC 개념도

자료원: 디지털이니셔티브 그룹

이에 D2C의 성장에 주목하고 MZ세대를 타깃으로 공략하는 방안이 제시됐다. 당분간 소비시장에는 불확실성이 지속될 것으로 보이기는 하나 분명한 트렌드는 감지되고 있다.

또 이러한 트렌드를 활용한 D2C 비즈니스의 영역확대가 본격화되면서 리테일 소비재 유통시장의 구조적 변화도 전망된다.

초기 창업자 입장에서는 입점과 판매가 오프라인 대형 유통망 대비 용이해 비교적 자유롭게 활용할 수 있다는 이점이 있어 대규모 투자가 필요 없다는 점이 장점이며, 소비자 입장에서는 가용소득이 감소하는 가운데 유통 마진을 최소화한 D2C 소비를 통해 양질의 제품을 비교적 저렴하게 구입할 수 있다는 사실이 매력이다.

미국의 주요 경제지인 포브스는 나이키, 반스, 롤렉스 등을 포함해 100만 개 이상의 사업자가 아마존을 떠나는 엑소더스(Exodus) 현상에 대해 발생했다. 이른바 D2C 마케팅 트렌드의 본격화로 볼 수 있다.

소셜 마케팅에 피로를 느낀 소비자들이 코로나로 다시 D2C를 이용하기 시작한 것이다. 아마존 등 대형 온라인 쇼핑몰에 대한 수요 집중으로 배송 소요시간이 길어지면서, 비교적 수요가 적으면서 빠른 배송 서비스를 제공하는 D2C가 수요 일부분을 흡수하는 양상이다.

취급제품도 생필품, IT 주변기기, 일부 식품 등의 비중이 높았던 반면에 지금은 밀키트, 디저트, 운동기구, 주방기기 및 소형 전자제품 등으로 영역을 확대하면서 소비자의 옵션도 다양해진 상황이다.

최근 온라인을 중심으로 다양한 D2C 브랜드가 늘어나면서 대기업 브랜드의 성장이 제한되거나 위축되고 있는 것으로 분석되었다. 특히, 밀레니엄 세대와 Z세대가 새로운 브랜드를 시도하려는 경향이 크다.

D2C 브랜드만의 개성과 트렌드에 부합하는 새로운 제품 출시가 20~30대 소비자 니즈와 잘 맞아떨어지면서 소규모 D2C 브랜드들이 급부상하고 있다.

이러한 트렌드를 의식해 대기업은 인기 D2C 브랜드 인수합병을 진행하고 있다.

자료원: mybillie.com

일반적인 소비재 판매 방식으로 제조-도매-소매 과정을 거쳐 시장에 유통된다.

합리적인 가격의 소매업체 브랜드인 PL 제품이 인기를 끌면서 대형 소매 체인이 제조를 의뢰한 제품도 인기이며 일부 프리미엄 브랜드의 경우 뷰티 살롱이나 방문판매 등의 방식으로 유통되고 있다.

특히 활성화된 것은 온라인을 통해 비누와 세정제 제품을 판매하는 D2C 브랜드가 증가하면서 소비자의 온라인 구매 의존도가 높아지고 있다.

코로나 확산으로 인해 전 세계에서 오프라인 매장이 줄줄이 철수하고 있는 가운데 유통, 소비재 기업과 IT 기업들이 협업을 통해 D2C 플랫폼이 빠르게 확대되고 있다.

한국투자증권은 현재 미국 내 쇼핑몰의 55~60% 매장이 없어지는 것을 의미하고 당초 폐점 예상치 15,000개를 크게 웃돈다고 분석했다. 온라인 결제 플랫폼의 상용화와 함께 오프라인 매장 판매가 주는 추세에 코로나가 기름을 부었다고 할 수 있다.[1]

기업 입장에서는 입점과 판매가 오프라인 대형 소매점보다 비교적 자유롭게 활용할 수 있다는 이점이 있어 대규모 투자가 필요 없다는 점이 강점이다. 한편, 소비자 입장에서는 가용소득이 감소하는 가운데, 유통 마진을 최소화한 D2C 소비를 통해 양질의 제품을 비교적 저렴하게 구입할 수 있다는 사실이 매력이다. 이처럼 기업 입장과 소비자 입장 모두 이점을 가져다준다는 장점을 통해서 이 분야의 성장을 예견할 수 있다.

---

1 "코로나로 올해 美서만 매장 절반 닫는다" IT 플랫폼 활용한 'D2C' 뜬다, 조선비즈, 2020.8.13.

세계 최대 스포츠웨어 나이키 또한 직접 판매를 강화하고 있으며, D2C 비중을 최근 10년 사이 대폭 늘린 32%에 육박하고 있다.

국내 기업의 경우 제조업 기반이 탄탄한 산업구조로 인해 K-뷰티 열풍을 보면 이해가 쉽다.

한국콜마, 코스맥스, 코스 온 같은 OEM 회사가 든든히 받쳐주니 기획력과 브랜드 전개 능력을 갖춘 2030세대 창업자가 틈새시장을 공략으로 짧은 기간에 수백억 원대 매출을 올리는 사례를 자주 볼 수 있게 됐다.

AHC, 스타일난다, 닥터자르트 등은 처음에는 D2C 형태로 작게 시작했다. 점차 덩치를 키우면서 해외 업체에 수천억 원에서 조 단위로 매각되기도 했다.

특히, 붙이는 네일 팁을 이용한 셀프 네일은 미국 뉴욕 브랜드 데싱디바가 공식몰을 오픈한 2015년 6월 국내에 처음 도입됐다. 2017년 네일 스티커 중심의 젤라또랩이 등장했고 2018년 글루가의 오호라가 시장에 뛰어들며 판이 커졌다. 특히, 2020년 코로나 확산으로 셀프 네일이 소비가 감소한 립스틱·립글로스의 빈자리를 메우며 시장은 급성장을 시작했다.

국내 셀프 네일 시장 규모는 2020년 기준 약 2,000억 원이며 초고속 성장 추세를 고려할 때 2021년 시장 볼륨은 50% 늘어난 3,000억 원이 될 것으로 업계는 관측하고 있다.

글루가의 오호라가 D2C 마케팅으로 급성장한 가운데 D2C에 강한 브랜드X가 인수한 젤라또랩의 행보에 경쟁사의 관심이 집중되었다.

특히 셀프 네일 가꾸기는 코로나의 전 세계적 확산으로 해외에서도 인기다. 데싱디바와 젤라또팩토리, 오호라는 모두 한국보다 시장 규모가 훨씬 큰 일본에 진출해 성과를 내고 있다. 젤라또랩은 일본에서도 순항 중이다.

젤라또랩은 2019년 6월 일본에 진출한 뒤 약 2년 만에 매출 100억 원을 돌파했다. 일본 셀프 네일 시장 규모는 2020년 기준 약 5,471억 원이다.

데싱디바, 젤라또팩토리, 오호라 네일 이미지
자료원: 각 사 홈페이지

D2C 판매전략의 주요 특징을 정리하면 다음과 같다.

첫째, 맞춤형 타깃 마케팅이다.

D2C 모델은 중간유통채널을 통해 소비자에게 서비스를 제공하므로 중간 유통 채널의 영향력을 원천적으로 차단할 수 있는 구조이다. 이와 같은 명확한 타깃 고객 설정은 고객에 대해 더 상세한 이해가 가능하도

록 하여 고객 맞춤형 고객마케팅과 서비스를 할 수 있게 해 주는 것이다.

둘째, 판매상품의 가격 통제력과 가격경쟁력 확보이다.

자체적인 직접 유통채널 구축을 통해 중간유통채널 마진을 절감할 수 있게 되므로 시장 및 경쟁환경 아래에서 가격통제력을 확보할 수 있으므로 보다 경쟁력 있는 가격정책을 할 수 있게 한다.

중간유통채널의 간섭이나 통제 없이 자체적인 판단을 통해서 보다 경쟁력 있는 가격을 책정할 수 있다.

아울러 이러한 가격 경쟁력을 바탕으로 고객에게 다른 편의 서비스나 행사를 진행할 수 있으며 이는 경쟁력 있는 제품이나 서비스를 제공하게 해 줄 수 있는 가장 강력한 도구이다.

셋째, D2C 리테일사는 유통과정에서 상품에 대한 고객데이터를 자체 확보가 가능하다.

이 모델은 제조, 생산 및 제품이나 서비스 제공으로 고객과의 접점은 물론 생산 등의 모든 단계에 대한 통제가 가능하다.

따라서 이 유통과 판매과정을 거치면서 고객에 대한 수많은 양의 데이터 수집이 가능해 다양한 데이터 확보 및 분석할 수도 있다.

특히, 빅데이터 확보를 통해서 이를 분석하여 기존 상품에 대한 고객의 반응과 패턴을 신규상품 기획에 적합한 고객의 니즈 등을 정확하게 파악할 수 있게 해 주는 강력한 이점이 있다.

이처럼 빠르게 변화하는 환경에 무엇보다도 필요한 고객의 변화된 소비 트렌드 및 고객 불편사항 등을 신속하게 분석하고 대응할 수 있는 능력을 갖출 수 있는 기본이 된다고 할 수 있다.

넷째, 제품경쟁력을 위한 고객 맞춤화 제품의 생산이 가능하다.

직접 마케팅, 빅데이터를 통한 소비 트랜드 파악 등을 통해 제품 및 서비스의 경쟁력을 높여 보다 개인화된 의사결정은 물론 고객 맞춤형 제품 제조 생산도 가능하게 해 준다.

이러한 D2C 사업모델은 중간 유통채널이 제거되므로 결국 중간 마진이 없어지게 되므로 이는 자체 마진을 극대화할 수 있게 하는 원동력이 되므로 수익을 극대화할 수 있게 해 주며 새로운 신상품 제품을 위한 재원을 마련하게 해 주기도 한다.

그러나 D2C 판매전략이 장점만 존재하는 것은 아니다.

반대로 정형화된 프로세스나 시스템 성과가 창출되지 않으면 그만큼 위험도 커진다는 것이다.

처음 제조부터 유통채널구축, 판매, 고객대응, 데이터 분석 등 모든 일을 혼자서 감당해야 한다.

그러나 기업이 소규모이므로 재원과 인력 면에서 이를 감당하기에는 다소 역부족일 수 있다.

즉, 제조 및 업체 브랜드나 상품을 유통할 수 있도록 지원 중간 유통채널 즉 대규모 리셀러가 없다면 소비자를 직접 개척하고 유통하는 모든 프로세스와 마케팅 및 AS 등의 과정을 구축하고 책임을 져야 한다는 것이다.

특히나 온라인을 통한 판매가 쉽지만은 않은 상황이며 기존 오프라인 소비자와는 다른 구매 행동이나 성향을 보이는 차별화된 소비에 대한 명확한 이해와 더욱 차별적인 맞춤형 마케팅이 필요하기 때문이다.

D2C에 성공하려면 어떻게 해야 할 것인지 알아보면 제조사들이 자

사 역량과 제품 특성을 고려해 D2C를 선별 시도하는 것이 바람직하다.

D2C는 제품 판매 경로 중 대형 리테일사에 대한 의존도가 높지 않고, 고객 사후 관리 요소가 크지 않으며 대형 리테일사 운영채널 대신 자사 직영몰을 찾아올 만큼 소비자 충성도가 높은 상품을 판매하기에 적합한 조건으로 꼽힌다.

그러나 D2C 시도를 사업 다각화에 준하는 수준으로 신중하게 접근해야 한다.

D2C는 기업이 가진 자원을 한곳에 집중하거나 분산하거나 선택의 문제이다. 따라서 D2C에 실패할 경우 사업 다각화에 실패한 것과 같은 문제가 야기될 수 있다. 특정 리테일 채널 의존도가 높으면 대형 리테일사의 요구조건에 대응하는 것도 만만하지 않기 때문이다.

가령 제조사가 직영몰에서 할인 판매할 경우 유통점이 '우리 매장에서도 그만큼 할인해서 팔아 달라'고 요구할 수 있다.

따라서 D2C는 완전 소비재보다는 전문점 등에서나 파는 B2B 형 제품이 유리하다. 이케아 외에는 대형 유통점이 많지 않은 가구 관련 상품이 대표 사례다.

고객 관리 역량을 강화하기 위한 노력도 필요하다. 특히 전통적인 제조사는 판매·A/S 역량을 보유하지 못한 경우가 많다. 전문 인력을 외부에서 충원하기에는 인건비 부담도 만만찮다. 따라서 기존 인력에 대한 역량을 개발할 수 있도록 교육·훈련에 힘써야 한다.

필자가 평가위원으로 활동하고 있는 중소기업유통센터 등의 중소기업 대상 정부 지원 교육 프로그램이 많으니 적극적으로 이용해 보는 것을 추천한다. 특히, 2022년부터는 발 빠르게 소상공인과 중소기업을 대상으로 마케팅지원사업의 일환으로 "자사몰(D2C유통망) 구축 지원사업"
을 시작하고 있으니 참고하시기 바란다.

　대상은 자사몰을 통해 소비재 제품을 고객에게 직접 유통하고자 하
는 국내 중소기업을 대상으로 컨설팅, 교육, 구축의 업무를 지원한다.

　브랜드 광고는 바로 매출로 직결되지도 않아 장기적인 마케팅 계획
을 수립하고 D2C 사업에 뛰어들어야 한다. 상황이 이러니 오근내 닭갈
비, 송추가마골 등 이미 유명한 맛집들이 HMR을 내는 경우가 많다.

　그러나 브랜드 충성도가 부족하다면 기존 유통 채널에 집중하며 자
사몰은 소수의 충성고객 관리용으로 활용하는 것도 방법이다.

중소기업 D2C 지원사업

자료원: 중소기업유통센터

　D2C 시장은 미국 기준으로 향후 연평균 3.7%의 성장을 지속해 2023
년에는 전체 시장 규모가 299억(약 37조 원) 달러에 달할 것으로 전망되
고 있다.

현재는 저렴하고 사용하기 쉬운 전자상거래 기술서비스 덕분에 소비자 D2C 판매전략이 소비자의 쇼핑 경험에 대한 기대에 부응하면서 아마존과 같은 대형 리테일사에 맞설 수 있게 됐으며 향후 이러한 추세는 지속해서 증가할 것으로 전망된다.

2. 라이브 커머스(라이브 스트리밍)

모바일을 통한 라이브 스트리밍 쇼핑 서비스가 글로벌 시장에서 빠르게 성장하고 있다. 라이브 스트리밍 앱은 TV가 아닌 모바일을 통한 실시간 방송 서비스다.

특히, 최근 온라인 쇼핑 앱들은 라이브 스트림 서비스 구축에 나서고 있다고 한다.

스트리밍 커머스란 인터넷상에서 영상 등을 실시간으로 재생하는 기술을 뜻하는 스트리밍(Streaming)과 상거래를 뜻하는 커머스(Commerce)가 합쳐진 용어로 이미 익숙한 개념인 이커머스(E-Commerce)의 차세대 버전이라고 볼 수 있다. 또한, QVC 등으로 알려진 TV 홈쇼핑의 온라인 혹은 디지털 버전이라고도 이해할 수 있겠다.

온라인으로 이뤄지는 쇼핑 즉 이커머스 분야와 오프라인을 포함한 모든 소매 분야에 실제로 제품을 사용하는 모습을 보여 주는 영상이 더해진 이 스트리밍 커머스는 크게 일반적인 스트리밍 기반의 커머스와 라이브 스트리밍(Live-streaming) 커머스로 나뉜다.

스트리밍 커머스는 보통 쇼 프로그램과 특정 기업 간 파트너십 등의 조합을 의미한다. 특히 OTT 스트리밍(넷플릭스 등) 플랫폼의 프로그램에 특정 브랜드 제품을 노출하는 방식으로 진행되고 있다. 스트리밍을 통해 소비자에게 노출된 제품은 온라인과 오프라인 채널 모두에서 판매로 이뤄질 수 있는 특징이 있다.

한편, 라이브 스트리밍 커머스는 인플루언서 등이 실시간 영상으로 특정 제품을 사용하는 모습을 소비자에게 보여 준다. 해당 스트리밍 웹사이트나 플랫폼 자체에서 바로 해당 제품을 구매할 수 있게 하는 쇼핑 방식을 말한다. 이 라이브 스트리밍 커머스는 과거 익숙했던 개념인 TV 홈쇼핑의 온라인 버전이라고 할 수 있다.

이러한 라이브 영상에는 노출된 제품을 구매할 수 있는 링크와 쌍방향 댓글이 가능하고 이런 과정을 통해서 최종적으로 판매가 이루어진다.

이처럼 새로운 채널은 인플루언서의 영향력이 큰 유튜브나 인스타그램과 같은 SNS의 인기와 더불어 라이브 스트리밍 커머스도 꾸준히 성장해 온 것으로 분석된다.

대표적인 방식이 라이브 스트림 쇼핑이다. 아마존의 라이브 비디오 쇼핑 플랫폼인 '아마존 라이브(Amazon Live)'에서는 제품 선전, 사용 후기, 기타 콘텐츠를 라이브 스트리밍으로 제공할 수 있어 소비자들을 직접 제품 구매로까지 유도한다. 아직 이렇다 할 성과를 거두지 못하고 있으나 관련 투자는 지속적이다.

아마존에서는 Amazon Live와 같은 라이브 스트리밍 커머스뿐만 아니라 일반적인 스트리밍 커머스 방식까지도 찾아볼 수 있다.

자체 OTT 플랫폼인 'Amazon Prime Video'의 리얼리티 쇼 'Making The Cut'이 그 예이다.

미국의 전통적인 패션디자이너 경연 TV 쇼인 'Project Runway'의 속편이라 할 수 있는 Making The Cut에서는 Project Runway의 오랜 두 진행자 Tim Gunn과 Heidi Klum이 그대로 출연해 차세대 패션 디자이너들의 경연을 이끈다.

매주 선정되는 우승 아이템들은 Amazon의 'Making the Cut Store'에 등록돼 소비자들 또한 직접 구매할 수 있게 되는 방식이다. 이는 패션 분야로의 진출을 시도하는 Amazon 사업전략의 일환이라고도 분석된다.[2]

미국 소비시장에서 라이브 커머스의 비중은 중국 등 아시아 시장보다 인지도와 소비자 이용도 측면에서 미미한 수준이었으나 코로나로 인해 개인 소비활동이 온라인을 중심으로 빠르게 재편되면서 대형 온라인유통망의 라이브 커머스 도입이 확대되는 추세이다.

글로벌 리서치 기업 Coresight에 따르면 2021년 미국의 라이브커머스 시장 규모는 110억 달러로, 2023년에는 260억 달러에 이를 것으로 전망했다.

다만, 최근 아마존(Amazon), 구글(Google) 등 글로벌 기업의 진입이 본격화됨에 따라 시장규모가 확대될 전망이다.

미국 시장에서 2019년 아마존 라이브로 라이브 커머스가 시작된 데 이어 2020년 7월 구글 샵루프(Google Shoploop)가 런칭되는 등 중소 플랫폼 중심 시장구조의 변화가 시작됐다. 미국 소비시장에서 라이브커

2 미국, 스트리밍 커머스에 주목하다, 대한 화장품협회, 2020.11.19.

머스는 생소한 마케팅 방식으로 온라인 유통 플랫폼들은 소비자 교육과 반응 모니터링에 중점을 두고 있다. 오프라인 유통망과 소비재 기업의 경우 100년 전통 백화점 니만마커스(Neiman Marcus)가 파산하고 화장품 기업 에스티로더(Estee Lauder) 백화점 매출이 46% 감소하는 등 오프라인 여건이 지속적으로 악화함에 따라 온라인 비중 확대 및 신규 온라인 비즈니스 모델개발을 통해 매출 급감과 경영위기 타개를 위해 추진되었다.

미국 라이브 커머스 시장의 빅 3는 아마존, 구글, 페이스북이다. 이들 대형 온라인 유통채널들도 온라인 플랫폼 자체에 새로운 서비스를 추가하면서 변화된 고객의 마음을 얻기 위한 노력이 엿보인다.

대표적인 움직임이 바로 라이브 커머스의 도입이다.

아마존 라이브
자료원: 아마존

2019년 런칭한 아마존 라이브는 인플루언서들에게 라이브로 제품을 소개하고 아마존 링크를 걸어 구매까지 연결하고 이들은 클릭 수에 따라 수익을 얻는 구조다.

주로 다루는 카테리고리는 패션, 미용, 요리, 피트니스, 가전, 자동차 제품 등 다양한 상품을 활용한다. 아마존 라이브 커머스는 인플루언서들이 직접 등장하여 상품을 소개한다.

패션이나 뷰티 분야뿐 아니라 요리, 피트니스, 가전에서 자동차 관련 제품까지 거의 모든 카테고리에 다양하게 접근하며 우리에게 익숙한 케이블 홈쇼핑 방송과는 차별화된 방식이다.

인플루언서나 라이브스트리머들에게는 'Amazon Live Creator'라는 앱을 통해 라이브 스트리밍 및 실시간 커뮤니케이션 서비스를 원활하게 하도록 지원한다.

인플루언서들의 영향력을 보여 주는 팔로워들이 늘어날수록 레벨 업그레이드를 통해 더 많은 혜택을 받을 수 있게 인센티브를 제공하고 있다.[3]

또한, 아마존은 프라임 비디오 서비스를 통해 새로운 라이브 콘텐츠를 제공할 준비를 하고 있다는 보도가 나옴에 따라, 앞으로 북미의 라이브 커머스 시장의 빠른 성장을 기대해 볼 수 있을 것으로 전망된다.

온라인으로 접속하면 실시간으로 방송이 진행되고 있는 모습을 확인할 수 있다.

---

3 미국, 라이브 커머스 시장 현황과 진출전략, 무역경제신문, 2020.9.16.

구글 샵루프

자료원: Google Shoploop

한편, 구글이 2020년 런칭한 영상 쇼핑 플랫폼 샵루프(Shoploop)는 이용자가 다양한 제품 관련 90초 분량의 영상을 보고, 마음에 드는 상품을 저장하거나 셀러의 웹사이트에서 바로 구매할 수 있도록 했다.

이를 통해 제품을 광고할 뿐 아니라 영상을 제작하고 업로드하는 Shoploop creator들의 인기를 측정할 수 있다. 현재 구글은 뷰티 제품에 포커스를 맞추고 있으며 모바일 버전밖에 지원되지 않지만 향후 데스크톱용 프로그램을 개발 예정이라고 발표했다.

페이스북은 2019년 비디오 쇼핑 플랫폼 패키지드(Packagd)를 인수했으며, 이를 통해 마켓플레이스(Marketplace)와 페이스북 라이브(Facebook Live)를 통한 라이브 커머스 기능을 추가할 예정이라고 발표했다.

마켓플레이스

자료원: Facebook Marketplace

현재 페이스북 마켓플레이스(Marketplace)는 월간 10억 명의 활발한 사용자를 보유하고 있으며 지속적으로 전자상거래 시장 확대를 모색하고 있다.

라이브 커머스 성장의 원동력은 이커머스의 편리함과 유명 인플루언서와의 엔터테인먼트 요소의 융합을 통해 얻은 결과로 볼 수 있다.

또한, 빠르게 성장하는 라이브 커머스 시장에서 성공을 거두기 위해선 충성고객 확보 즉, 팬덤부터 만들어야 한다.

사람들의 소비활동이 오프라인에서 온라인으로 빠르게 이동하는 추세이며 온라인 채널 중에서도 라이브 커머스는 미국을 중심으로 전 세계에 빠르게 확산되고 있다.

라이브 커머스 성공 요소 중 하나인 인플루언서를 고려하면 인플루언서 시장은 탤런트 활용도나 창의성을 보아 새로운 라이브 커머스에 충분한 적응력과 유연성을 가지고 있는 것으로 평가된다.

현재 유명 플랫폼들은 앞다투어 라이브 커머스 사업을 확대 중으로 앞으로 소비자들의 쇼핑습관에 큰 영향을 미칠 수 있을 것으로 전망된다.

2000년대 초만 해도 중국에서 전자상거래가 이뤄진 경우는 1%도 되지 않았다. 하지만 2017년에는 40%를 넘기며 이는 프랑스, 독일, 일본, 영국, 그리고 미국을 합친 것보다 더 많다. 바이두, 알리바바, 텐센트는 중국의 전자상거래를 활성화했다. 현재 중국의 전자상거래 혁명의 큰 영향을 끼친 것은 스트리밍, 즉 라이브 커머스다.

국내 라이브 커머스는 온라인상에서 실시간 방송으로 상품을 소개하고 판매하는 모바일 홈쇼핑 형태로 줄여서 '라방'이라고도 한다. 특히, TV 예능 프로그램의 경우 지역 특산물 판매를 위해 라방을 활용하면서 대중의 인지도를 높이는데 한몫을 했다.

이처럼 국내의 경우 국민 대부분이 스마트폰을 보유하고 있어 온라인보다는 모바일에 더 특화하여 발전하고 있다.

비대면 문화가 확산하고 유튜브, 넷플릭스, 틱톡 등 영상 기반 소셜 미디어(SNS)가 보편화하면서 새로운 리테일 채널의 소비 행태로 자리를 잡았다.

국내는 아직 도입 단계지만 롯데, 신세계, 현대, CJ 등 리테일 기업을 비롯해 네이버, 카카오 등 플랫폼 대기업들이 뛰어들면서 빠르게 성장하는 중이다. 교보증권에 따르면 2020년에 약 3,000억 원대였던 라이브 커머스 시장 규모는 2023년엔 약 8조 원대로 커질 것으로 전망된다.

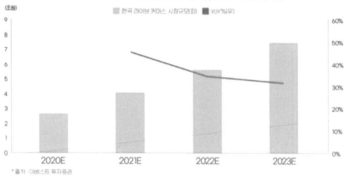

한국 라이브 커머스 시장규모 및 성장률

자료원: 이비스트 투자증권

 SPC그룹의 파리바게뜨와 배스킨라빈스는 90분간의 라이브 방송으로 크리스마스 케이크 4만 세트를 팔았다. 총매출액은 약 11억 원으로, 10분당 1억 2,000만 원 이상을 벌었다.

 온라인 쇼핑몰 11번가는 2021년 새해 첫날을 라이브 커머스로 열었다. 12월 31일 밤 11시부터 90분간 유명 방송인이 출연해 새해 카운트다운을 하고 경품을 선물했는데, 15,000명이 넘는 이들이 방송을 시청했다.

 국내의 경우 네이버 스마트스토어 입점한 업체 '대한민국 농수산'은 온라인 상거래 목적의 모바일 생중계 서비스 '라이브 커머스'로 농수산물을 판매하고 있다. 최근에는 어부가 경북 영덕에서 갓 잡아온 제철 대게를 모바일 화면을 통해 이용자들에게 소개하고 있는데 방송 때마다 10여 분 만에 준비 물량이 소진되고 있다. 그 덕분에 스마트스토어 단골도 3만 명에서 최근 18만 명까지 많이 늘어났다.

네이버 쇼핑 라이브

자료원: 네이버

플랫폼의 강자인 네이버, 카카오가 주도하고 있는 라이브 커머스 시장이 빠르게 확장되고 있다. 비대면의 확대로 구매자, 판매자 모두 판로와 구입처를 온라인으로 옮겨가고 있기 때문이다. 공연, 전시 등으로 활용처도 넓어지고 있다. 네이버는 라이브 커머스 '네이버 쇼핑라이브'가 4개월 만에 누적 시청자 수 4,500만 회, 구매 고객 수 40만 명을 돌파하였으며 계열사 스노우를 통해서 라이브 커머스 전용 플랫폼 잼 라이브도 인수했다.

스마트폰으로 간편하게 방송을 송출할 수 있는 덕에 라이브 커머스를 활용하는 판매자들도 빠르게 증가하고 있다. 최근에는 오프라인 패션쇼, 박람회 등에서도 라이브 커머스를 활용하고 있어 콘텐츠 종류도 다양해지고 있다는 설명이다.

카카오쇼핑라이브를 출범한 카카오는 누적 시청자 수가 1,000만 회를 넘어 섰다. 하루 1~2회 직접 큐레이션 하며 상품을 판매하는데 회당 평균 시청횟수가 11만 회에 달한다. 거래액은 출범 5개월 사이 2,100% 증가하기도 했다.

카카오쇼핑라이브
자료원: 카카오

카카오쇼핑라이브가 네이버 뒤를 바짝 쫓고 있고 신세계, 롯데, 쿠팡 등 국내 이커머스 업체들도 라이브 커머스 플랫폼을 도입하거나 관련 업체와 손잡으며 경쟁에 속도를 더하는 중이다.

재밌는 사실은 최근 백화점, 마트, 편의점 같은 오프라인 유통업체들도 속속 라이브 커머스에 뛰어들고 있다는 점이다. 현재 진행 중인 온라인 강화 움직임에 더해 현재 유행한 코로나 팬데믹 영향이 컸다.

어떻게 보면 라이브 커머스는 온라인에서 제공할 수 있는 가장 오프라인다운 서비스이다. 대면 접촉과 유사한 소통과 경험을 제공할 수 있다.

오프라인 업체들이 라이브 방송을 굳이 매장 현장에서 진행하는 이유가 여기 있다.

오프라인 업체들 가운데 라이브 커머스 활용에 가장 적극적인 모습을 보이는 곳은 롯데쇼핑이다.

롯데쇼핑은 오프라인 업체들이 라이브 커머스를 어떻게 활용할 수 있는지 방향성을 제시해 보였다.

롯데백화점은 라이브 방송인 '100 LIVE'를 진행해 왔으며 롯데백화점의 100 LIVE를 비롯한 롯데마트, 롭스 등 롯데쇼핑의 다양한 시도를 선보이고 있다.

쇼핑몰 방송을 그룹 통합 온라인 몰인 롯데ON으로 집약한다든가 전국에 퍼져 있는 오프라인 매장을 활용해 라이브 방송 구매 상품을 실시간 배송하겠다는 등의 청사진을 제시하기도 했다.

현대백화점그룹은 백화점, 홈쇼핑 부문에서 라이브 커머스를 선보인 데 이어 최근 현대리바트를 통해 홈퍼니싱 전문 라이브 커머스 채널을 출범했다. 신세계그룹도 영상 콘텐츠 제작사 마인드마크를 설립하고 라이브 커머스를 강화하고 있다.

코로나로 위기를 맞은 유통 업계에 라이브 커머스는 단비 같은 기회로 다가왔다. 백화점과 대형 리테일사들은 물론 이커머스, 제조업체, 소상공인 등 다양한 판매자들이 라이브 커머스에서 활로를 찾고 있다.

라이브 커머스를 설명하는 두 가지 핵심 키워드는 실시간 영상과 쌍방향 커뮤니케이션이다.

즉 실시간 영상을 통해 고객의 직접 상호 소통을 통해서 소비자 본인의 궁금한 사항이나 관심에 대해서 상세하게 설명을 해 주고 이를 통해서 소비자는 구매 단계까지 갈 수 있도록 하는 강력한 도구를 갖춘 플랫폼이다. 이에 더해 인플루언서의 팬텀을 통해서 홍보 모집 효과가 극대화되고 이런 소비를 통해서 해당 라이브 커머스 채널에 대한 충성심이 높아지면 단골 고객을 확보할 수 있는 단계에 이르게 된다.

라이브 커머스는 TV 매체의 일 방향 소통이라는 한계점을 지닌 홈쇼핑과 달리 방송 내에서 소비자들이 상품에 대해 궁금한 점이 있으면 채팅창을 통해 판매자에게 추가로 질문하거나 다른 소비자와 이야기할 수 있으므로 가장 강력한 마케팅 역할을 수행한다고 할 수 있다.

특히, 중소기업과 초기 창업자에게는 TV, 라디오, 홈쇼핑 등 비용 문제로 접근하기 힘든 자사의 제품 및 서비스를 보다 저렴하고 신속하게 라이브 커머스라는 신생 유통 채널을 통해서 소비자에게 홍보 및 광고를 하여 브랜드 인지도 인식 및 판매 활성화에 큰 역할을 할 것으로 전망된다.

앞으로는 5세대 이동통신 상용화로 끊김 없는 고화질 방송과 라이브 커머스 산업군의 전문역량이 높아진다면 라이브 커머스를 활용한 마케팅이 더욱 활발하게 펼쳐질 것으로 기대된다.

3. 밀키트 상품 확대

밀키트(Meal Kit)는 식사(Meal)와 키트(Kit)의 합성어로, 식사 키트를 의미한다. 쿠킹박스, 레시피 박스라고도 불리며 가정 간편식(HMR)과 조금 다른 개념이다.

집에서 간편하게 즐길 수 있는 가정 간편식 시장에서 가장 진화된 제품으로 하루 이틀 전에 원하는 메뉴를 선택하면 그 음식을 만드는 데 필요한 모든 재료가 손질 또는 세척되어 집 앞에 도착하고, 주어진 레시피대로 따라서 만들기만 하면 완성된다.

특히, 국내의 경우 주거지역을 중심으로 가맹점형 담꾹, 오늘 쉐프 등 많은 무인점포가 활발하게 오픈하고 있다.

밀키트는 요리에 필요한 손질된 음식재료와 딱 맞는 양의 양념, 조리법을 세트로 구성해 제공하는 제품을 말한다. 온라인 마트와 배달음식의 중간 정도의 형태로 이해하면 된다.

2008년 스웨덴의 스타트업 리나스 맛카세(Linas Matkasse)가 처음으로 선보였다.

정기 배송을 신청하면 박스 안에 각각의 조리 단계별 사진과 조리법은 물론 해당 요리에 필요한 음식재료들을 손질해 보내준다. 밀키트는 가정에서 간편하게 원하는 요리를 스스로 만들어 먹을 수 있다는 점이 주목받으면서 큰 인기를 얻기 시작했다.

2012년에는 미국의 블루에이프런(Blue Apron)이 밀키트 배달 서비스를 도입하면서 폭발적으로 성장했고 이후 아마존 등 글로벌 업체들도 이 시장에 관심을 보이기 시작했다.

일본도 마찬가지다. 오이식스(Oisix)를 필두로 안전한 음식재료와 영양의 균형 등을 앞세워 시장을 키우고 있다.

이처럼 밀키트는 대체 소비자의 어떤 니즈를 충족시킬 수 있기에 전세계인의 식탁과 라이프스타일을 변화시키고 있는 것인지 궁금해진다.

밀키트는 요리를 하고자 하는 사람의 심리와 재료를 손질하는 것이 너무나도 귀찮은 우리의 심리를 간파한 전략 상품이라고 봐도 무방하다고 여겨진다.

서울대학교 푸드 비즈니스 랩의 연구에 따르면 밀키트를 구매하는 이유는 간편함, 재료구매 부담경감, 시간 절약, 요리실력 보완 순으로 조사된 바도 있다.[4]

컵라면을 사서 진액에 뜨거운 물만 부어 먹거나, 3분 요리 카레를 전자레인지에 데우는 것은 요리가 아닌 조리일 뿐이고 누군가와 함께 나눠 먹기는 어려운 상품이기 때문에 밀키트는 호모 코쿠엔스로서 요리하고자 하는 사람의 욕구와 귀차니즘을 모두 해결해 주고 있는 솔루션으로서 끊임없이 성장하고 있다.

밀키트를 구매하는 이유를 보면 건강한 식사 가능, 새로운 레시피로 요리 가능, 장 보는 시간 절약, 요리시간 단축, 식사계획 시간 단축 등의 장점 때문으로 조사되었다.

바쁜 현대사회에서 직장 생활을 하면서 매끼를 집에서 직접 만들어 먹기가 여간 어려운 일이 아니다.

혼자 사는 1인 가구가 늘어나는 추세에서 음식 재료를 사 직접 요리를 해 먹는다고 해도 항상 재료가 남아서 버리는 일이 허다하다. 그뿐만 아니라 맞벌이 부부는 메뉴 결정에서 새로운 음식을 먹고 싶은 모든 이에게 밀키트는 구세주나 다름이 없다.

밀키트는 쉽게 말하면 다양한 요리의 레시피와 손질된 재료를 매주 달라지는 메뉴에서 선택만 하면 된다.

4　셰프·맛집 음식도 뚝딱, 간편하고 맛도 'good' [안젤라의 푸드트립], 세계일보, 2020.4.11.

필자도 동네에 있는 할인점이나 무인점포에서 밀키트를 사서 레시피를 보고 요리를 하곤 한다.

이후 음식이 남거나 상해서 버리는 음식물 쓰레기가 많이 줄었다. 그리고 믿을 수 있는 검증된 레시피를 사용하다 보니 맛 또한 훌륭하고 건강한 음식을 스스로 만들어 가는 과정을 통해 요리에 대한 즐거움을 느끼고 있는 나 자신을 발견하게 된다.

최근에는 직접 마트를 가지 않아도 온라인으로 쉽게 주문을 할 수 있는데 주문할 수 있는 품목은 다소 부족하지만, 재료를 사고 준비하는 모든 과정에서의 시간을 절약할 수 있다. 매주 신선한 재료와 다양한 요리 종류를 배달 서비스를 통해서 받아볼 수 있다는 장점이 더 크게 다가온다.

밀키트 시장의 성장은 지표에서도 잘 나타난다. Heat&Eat 보고서에 따르면 2020년 기준 미국 밀키트 시장은 23억 달러 규모로 추산되며 세계 시장은 83억 달러 규모로 추정된다. 또 세계 시장은 2027년까지 178억 달러(약 22조 원 규모에 달해 연평균 11.5% 성장할 것으로 전망하고 있다.

월마트는 2018년 3월 250개 매장에서 2,000개 이상으로 밀키트 판매를 확장하고 있으며 아마존프레쉬 등이 밀키트 배달 사업을 시작함으로써 기존의 밀키트 선두주자들에게 경쟁과 압박이 되고 있다.[5]

밀키트는 조리 가능한 형태로 잘려있고 손질돼 간단한 조리로 서빙이 가능한 형태로 소스와 양념과 함께 배달된다. 최근의 밀키트는 채식주의, 비건, 글루텐프리, 유기농, 체중감소, 팔레오, 어린이용, 당뇨 치료

---

5 미 간편 가정식 트렌드 2019 미국 밀키트 브랜드, 소믈리에타임지, 2019.11.19. / 미국에서 가장 인기 있는 밀키트 BEST 5, College inside. 2020.6.16.

식 등 다양한 식이요법을 하는 다양한 소비자 요구에 맞게 준비되는 추세다.

미국의 주요 밀키트 업체들은 블루 에이프런(Blue Apron), 헬로프레쉬(HelloFresh), 홈쉐프(Home Chef), 선배스킷(Sun Basket), 플레이티드(Plated), 아마존프레쉬(AmazonFresh), 비스트로(Veestro), 그린 쉐프(Green Chef), 피치디쉬(PeachDish), 고블(Gobble) 등이다.

이 기업 중에서 대표적인 몇 개의 기업에 대해서 알아보면 다음과 같다.

자료원: 헬로플레쉬 홈페이지

블루에이프런은 밀키트의 창시자로 불리며 급성장한 기업이다. 신선한 재료를 우선으로 하며 환경을 보존하고 질이 좋은 재료를 사용한다. 밀키트의 선두주자로 소비자 평판이 좋으며 쉐프와 농부들이 연합해 신선한 재료와 저렴한 플랜을 준비하고 환경 보존을 위해 노력하고 있다. 신선한 제철 재료를 사용하며 조리법 카드를 함께 준비한다.

헬로프레쉬는 패밀리 플랜이 일 인당 $8.74(약 1만 원)로 저렴하다. 조리에 필요한 정확한 양을 배달해 음식 낭비를 줄일 수 있다. 또한, 배달 일정과 메뉴를 자유롭게 바꿀 수 있다. 글루텐프리, 견과류프리, 채식, 팔레오식 등으로 프로그램이 다양하며 어린이들도 즐길 수 있도록 준비된다.

헬로프레시의 2021년 3분기 전 세계 매출은 전년 대비 45% 성장한 14억 유로(약 1조 9천억 원)를 기록했으며, 미국 시장에서는 전년 대비 49.9%의 높은 성장률을 기록했다.

자료원: 헬로플레쉬

홈쉐프는 밀키트 업계 중에서 최근 가장 빠른 성장을 하는 기업 중에 하나다.

홈쉐프는 소비자들이 신선한 식품을 가능한 한 쉽게 조리할 수 있도록 돕는 것으로 다양한 응용이 가능하도록 했다. 30분 이내에 조리할 수 있도록 준비됐으며 14가지의 프로그램 중 매주 다르게 선택할 수 있다. 채식, 저탄수식, 저칼로리식 등 다양한 선택이 가능하다.

자료원: 홈쉐프 홈페이지

선배스킷은 쉐프와 영양학자들이 준비한 메뉴이며 99% 유기농과 non-GMO 메뉴로 건강에 중점을 뒀다.

농장직영(farm-to-table) 조리식이 준비되어 있으며, 전통식과 현대식의 공존으로 다양한 세대가 즐길 수 있으며 특히, 글루텐프리, 채식, 팔레오식의 메뉴가 다양하다.

자료원: sunbasket.com

포장 박스는 100% 재생 가능한 재질로 환경보존이 가능하며 7개 국가에 배달되고 세계적으로 250만 가구에 배달된다. 신선함을 유지하기 위해 냉장박스에 무료 배달되며 2~4인분 옵션으로 1만 8,000개가 넘는 조리법이 준비돼 있다.

이처럼 간편함을 선호하는 바쁜 도시인들의 요구에 부응해 미국의 밀키트 시장은 빠르게 성장하고 있다.

미국 밀키트 시장의 전망을 전한 코어사이트의 보고서는 타 시장 조사기관보다 밀키트 시장 성장 가능성을 낮은 수준으로 잡고 있다. 스타티스타는 밀키트 판매가 2017년부터 2022년까지 두 배 이상 증가, 미국 시장에서 매출 116억 달러에 도달할 것이라고 예상했다.

이런 이유로 밀키트 선두주자인 배달 업체 외에도 월마트나 아마존 등 대형 유통업체들이 밀키트 시장에 합류해 경쟁이 심화하고 있다.

등장한 지 얼마 되지 않은 뉴 비즈니스 모델로 주목받던 서비스가 이제는 소비자의 생활 필수 요소로 전환되는 중인 것이다.

최근 일본 역시 각 가정이 외식에 들이는 돈을 줄이려는 경향이 강해진다. 대신 집에서 조리 식품을 이용해 식사를 해결하는 사람들이 늘어나는 추세다.

일본의 경우 밀키트 시장의 잠재적 성장규모를 약 2,000억 엔으로 추정하고 있다. 그러나 일본은 미국이나 유럽과 달리 외부에서 음식을 구매해 집에서 먹는 중식 상품에 대한 수요가 아직은 높으며 슈퍼마켓이나 편의점에서 도시락이나 즉석식품 등의 판매가 대부분을 이루고 있다.

2013년부터 오이식스는 일본에서 밀키트 시리즈를 판매하고 있으며 된장·매실주 등 다양한 메뉴를 판매하고 있다.

국내는 2016년 스타트업 닥터 키친이 밀키트를 출시한 이후 밀키트 시장이 본격적으로 활성화가 되었으며 한국야쿠르트(잇츠온), 동원홈푸드(맘스키트) 등 식품업체뿐만 아니라 GS리테일(심플리쿡), 롯데마트(요리하다), 현대백화점(셰프박스), 갤러리아백화점(고메494)을 비롯한 유통업체까지 뛰어들었다.

최근에는 CJ제일제당과 이마트까지 밀키트 시장에 진입하여 경쟁은 더욱 치열해질 것으로 예상한다.

국내 밀키트 시장은 2019년 1,017억 원에서 2023년 4,780억 원으로 증가할 것으로 예상한다.

자료원: 유로모니터, 머니투데이, 2022.1.5.

국내 밀키트 시장의 성장 가능성이 높다는 분석이 많다. 미국 등과 비교해 아직 밀키트 시장이 제대로 형성되지 않았다.

실제로 최근 1, 2인 가구가 급증하면서 간편한 한 끼를 원하는 수요가 늘고 있다. 아울러 외식보다는 집밥으로, 또 집에서도 외식하듯 근사한 한 끼를 먹고자 하는 소비자도 많아지고 있다. 이것이 이제 국내 식품업계에서 대세로 자리 잡은 가정 간편식(HMR)이 성장한 배경이다. 따라서 밀키트도 충분히 승산이 있다는 게 업계의 판단이다.

한국야쿠르트의 밀키트 '잇츠온'
자료원: 한국야쿠르트

한국야쿠르트, 동원홈푸드 등은 물론 GS리테일, 현대백화점, 롯데마트, 갤러리아 등과 같은 유통업체들도 밀키트 시장에 뛰어든 상태다.

국내 HMR 1위인 CJ제일제당이 밀키트 시장 진출을 선언한 데 이어 국내 1위 대형마트 업체인 이마트도 이 시장에 뛰어들었다. 대형 업체들이 잇따라 밀키트 시장 진출은 그만큼 이 시장이 성장 가능성이 있다고 판단했기 때문이다.

이와 함께 대형 업체들의 진출로 국내 밀키트 시장의 확대에 대한 기대감도 높아질 것으로 보인다.

CJ제일제당의 경우 그동안 축적한 HMR 기술과 CJ대한통운의 배송시스템 등을 접목한 쿡킷이라는 브랜드의 밀키트를 출시했다. 매출확대를 위해 밀키트 센터를 건설, 시장을 공략하겠다는 계획을 내놨다.

이마트는 '식도락에 관심이 높은 30~40대 맞벌이 부부'를 타깃으로 한 피코크 밀키트를 런칭하면서 본격적인 시장 공략을 알렸다. 이마트는 쓱 배송을 통한 당일 구매가 가능하다는 점을 내세웠다. 앞으로 1인용 밀키트는 물론 오가닉 밀키트 등으로 제품군을 확대해 2024년까지 연 매출 500억 원을 달성하겠다고 선언했다.

또 다른 시장은 무인 밀키트 판매점이다. 주로 주거 지역 상권을 중심으로 주로 소규모 프렌차이즈가 중심이 되어 맛과 품질로 승부를 걸고 있다.

코로나 이후 비대면이 일상화되면서 아이스크림 가게, 카페 등 업종을 가리지 않고 퍼지는 무인 매장이 밀키트와 만났다. 신선한 음식재료를 먹기 좋은 형태로 담아 주는 밀키트는 건강뿐만 아니라 간편하게 요리할 수 있다는 장점 덕분에 인기다. 무인판매점은 매장 운영비, 인건비 등 고정비 부담이 상대적으로 적다. 이 때문에 무인 밀키트 판매점 확산 세는 더 빨라질 전망이다.

2020년 10월 무인 밀키트 판매 프랜차이즈 사업을 시작한 디엔에프씨의 '담꾹'은 매장 수가 2021년 초 30여 개에서 2022년 1월에는 423개로 급증했다.

애초 디엔에프씨는 소스 제조회사였다. 신사업을 위해 자체 제작 소스를 활용한 밀키트 판매에 본격적으로 뛰어들었다. 부대찌개, 닭볶음탕, 소고깃국, 제육볶음, 즉석 떡볶이 등 밀키트를 판매 중이다.

| 담꾹 외부 | 담꾹 내부 |

밀키트 무인점포인 오늘쉐프는 요리 초보자도 따라 하기 쉬운 레시피 카드와 원팩 조리 시스템을 적용해 따로 조리하지 않아도 레시피 구성이 가능하며, 본사 직영 공장을 운영으로 직접 생산과 공급을 거친다. 2021년 7월 기준으로 72호점을 개점했다. 이외에도 오모가리김치찌개 등 브랜드로 알려진 오모가리 컴퍼니는 밀키트 전문점 더잇24 단독 매장을 열기도 했다.

현재는 코로나로 무인 밀키트 판매점 급증했지만 향후 공급과잉에 따라 매출 부진 문제도 있을 수 있으므로 주의해서 상권을 철저히 분석하고 효율적인 비용으로 개점하도록 해야 한다.

자칫 잘못하면 아직 초기 단계인 국내 밀키트 시장 확대를 위해서는 이런 대형 업체들의 진출이 필수 조건이라고 보고 있다. 대형 업체들의 경우 좀 더 쉽게 전체 시장의 파이를 키우고 저변을 넓힐 수 있기 때문이다.

밀키트 시장의 성장세는 당분간 지속될 전망이지만 다양한 맛과 메뉴를 찾는 소비자들을 사로잡기 위해 치열한 경쟁이 이루어질 것으로 전망된다.

4. 커브사이드 픽업 & 온라인 장보기 서비스

온라인 쇼핑으로 상품을 구매한 소비자에게 구매 상품을 받는 방법은 크게 두 가지가 있다.

이것은 현재 음식 배달 시스템과 같은 것으로 이해하면 된다. 배달의민족이나 요기요로 주문을 할 때 배달 또는 픽업을 선택하는 경우와 같다고 보면 된다.

그것은 우리가 흔히 알고 있는 온라인 쇼핑으로 상품을 구매하면 온라인 쇼핑 업체가 직접 집까지 배송해 주는 직접 배송과 온라인 주문 후 오프라인 매장 등에 가서 찾아오는 클릭 앤 콜렉트(Click & Collect)라는 방식이다.

국내의 경우 국토 면적이 작고, 인구 대다수가 수도권 지역에 밀집되어 살고 있다. 따라서 상대적으로 배송 비용이 높지 않고, 그러다 보니 온라인 쇼핑 후 배송료는 아주 낮거나 이런저런 혜택을 사용하면 거의 무료 배송 옵션이 많다. 그러나 이 추세도 인건비 상승 등으로 머지 않아 음식 배달처럼 무료 배송이 줄어들고 유료 배송 전환 및 최저 인건비 인상 등으로 배달료 상승의 가능성이 크다.

대형마트의 경우 주차장 서비스가 무료였지만 유료서비스로 대부분 전환되었으며 배송 서비스 역시 어느 정도 시점이 되면 유료화되는 단계에 이르게 될 것이다. 이는 배송서비스를 하는 회사나 단체의 지속적인 비용 인상 압력과 인건비 상승 영향을 무시할 수 없기 때문이다.

아마존은 처음부터 아마존 프라임 회원제를 만들어 회원들에게는 무료 배송 혜택을 주는 대신 연간 회비를 받아 온라인 쇼핑을 활성화하고 구독 경제 비즈니스를 활성화시켰다.

아마존을 통해서 온라인 쇼핑을 활발하게 사용한다면 아마존 프라임 회원에 가입하는 것이 여러모로 유리하지만 그런 비용을 낼 여유가 없거나 온라인 쇼핑 횟수가 그리 높지 않다면 다른 방안을 모색하는 경우도 있다. 그런 옵션 중의 하나가 온라인 쇼핑으로 상품을 주문 후 매장이나 지정된 장소에서 구매한 상품을 찾아오는 클릭 앤 콜렉트(Click & Collect) 옵션이다.[6]

이는 영국 테스코 그룹에서는 시행한 제도이며 테스코 그룹이 홈플러스를 운영할 당시 대형마트와 익스프레스에 시행을 검토한 적이 있으나 배달 서비스에 익숙한 한국 소비자에게는 적용하기 힘들다고 판단을 하였다. 그에 따라 무료 배송서비스를 강화하는 전략으로 시행하게 되었다.

이 옵션은 별도의 배송 비용을 부과하지 않기 때문에 저렴하게 온라인 쇼핑을 하고 싶은 미국인들이 많이 선택하는 방법이다. 이러한 온라인 주문 후 매장에서 픽업하는 클릭 앤 콜렉트(Click & Collect) 컨셉은 무엇보다 가격 경쟁력이 있으므로 선호되고 있다.

물론 아마존 프라임 회원이라면 기본적으로 2일 무료 배송을 적용받

---

6 커브사이드-픽업이-각광 받는-이유 https://happist.com

을 수 있어서 매장에서 픽업해 오는 번거로운 일을 하지 않고도 무료로 빨리 배송받을 수 있다.

그러나 아마존 프라임 회원이 아닌 사람들 또는 아마존이 아닌 다른 유통에서 구매하는 경우에는 매장 픽업 서비스가 빨리 저렴하게 상품을 구입할 있는 방법이 될 수 있다. 온라인 쇼핑 배송료를 절약하려는 매장 픽업은 몇 가지 문제가 있다. 대부분 업체는 온라인 쇼핑 후 주문 상품을 찾는 픽업 공간을 매장 안에 설치해 두었다. 그래서 소비자들은 매장 주차장에 주차 후 매장으로 이동해 주문 상품을 차에 싣고 집으로 와야 한다.

이런 문제점을 해결하기 위해 국내 대형마트에서 별도의 공간에 픽업 장소를 만드는 것을 시도했지만 아직 이런 서비스에 익숙하지 않은 국내 고객은 이용실적이 많지 않다.

아래는 소비자들이 최소한의 시간에 온라인 주문 상품 픽업과 추가 쇼핑이 가능토록 동선을 고려해 설치하는 것으로 월마트 픽업 데스크 모습인데 바로 계산대 앞부분에 위치해 있다.

월마트 Pickup 서비스 창구
자료원: WalMart

평상시라면 이렇게 매장 입구에서 픽업 서비스하는 클릭 앤 콜렉트는 아주 훌륭한 비즈니스 모델일 수 있다.

그러나 코로나로 인해 매장으로 들어오지 않고 주차장이나 매장 근처에 주차하고 있으면 매장 직원이 주문 상품을 가져와 트렁크에 넣어 주는 서비스가 활성화되었는데 이런 방식을 커브사이드 픽업(Curbside Pickup)이라고 부른다.

미국 내 쇼핑 방식의 변화 중 가장 눈에 띄는 것은 커브사이드 픽업 서비스의 유행이다. 커브사이드 픽업은 온라인으로 주문한 제품을 차에서 내릴 필요 없이 지정 장소에서 전달받을 수 있는 서비스를 일컫는다. 일반 요식업계의 커브사이드 픽업이 성행하면서 미국인들의 일상에서 커브사이드 픽업이 자리 잡는 데 핵심적인 역할을 했다. 가족 또는 연인과의 저녁 약속 길에 미리 온라인에서 주문한 선물과 음식을 차에서 내리지 않고 받아 가는 것이 일상화되고 있다.

전자제품이나 컴퓨터 관련 제품을 종합적으로 판매하는 미국의 대형 리테일사인 베스트바이도 코로나 팬데믹으로 매장문을 닫았기 때문에 온라인으로 주문한 고객들이 쉽고 빠르게 주문한 상품을 받을 수 있도록 여러 가지 아이디어를 실행에 옮기기도 했다.

커브사이드 픽업 서비스는 고객이 베스트바이 홈페이지에서 제품 구입 후 인근 베스트바이 매장에 도착해 주차 위치를 알려 주면 베스트바이 직원이 주차 장소까지 주문 상품을 배달해 주는 서비스다. 사실 커브사이드 픽업이라는 개념은 미국에서 오래전부터 존재하고 있었지만 그렇게 큰 인기를 끌지 못했다.

온라인 구매 상품 하나를 받으려 주차하고 기다리는 것보다는 매장 근처에 온 김에 매장에 들어가 쇼핑하고 온라인 쇼핑으로 구매한 상품도 받아오는 것이 여러모로 자연스러웠기 때문이다.

그렇지만 코로나 팬데믹 이후 커브사이드 픽업을 선택하는 소비자들이 증가했다.

배송 비용에 부담을 느낀 미국 소비자 중 많은 사람이 온라인 배송과 매장 구매/매장 픽업의 중간 단계인 커브사이드 픽업을 선택하고 있다.

전문가들은 이러한 클릭 앤 콜렉트 방식과 커브사이드 픽업방식이 쉽게 이용할 수 있고, 비용 가치가 높기 때문에 코로나 팬데믹이 지나도 오랫동안 지속되는 하나의 추세가 될 것이라고 예상하고 있다.

코로나는 지속해서 인류와 공생할 수밖에 없는 풍토병으로 정착 단계에 들어섰으며 이런 현상 등으로 언택트 생활은 당분간 지속될 것으로 예상하기 때문이다.

이런 현상은 온라인과 오프라인의 결합을 뜻하는 옴니채널의 영역으로 볼 수 있다.

온라인 채널과 오프라인 채널이 개별적이고 독립적인 유통 채널이 아닌 서로 상호 보완적으로 결합하여 고객에게 제품 및 서비스를 제공하는 형태로 함께 성장하는 것을 의미한다.

미국의 조사기관인 eMarketer, Statista 자료를 보면 옴니채널의 성장을 예상하고 있다. 뷰티 소매업체인 얼타뷰티(Ulta Beauty)는 일부 매장인 350곳에서 커브사이드 픽업을 도입해 서비스 제공했다.

얼타뷰티의 메리 딜런 CEO는 고객의 안전 확보가 보장되는 안전한 매장을 재개설할 것이다고 발표하기도 했다.

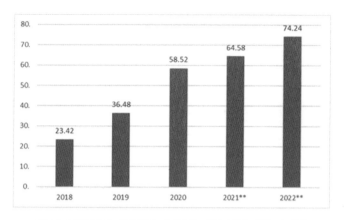

2018~2022년 옴니채널(온라인주문, 매장 픽업) 매출 및 예상
자료원: eMarketer, Statista, KOTRA 시카고 무역관 자료 정리

지역과 주 정부 당국의 안내를 포함해 현지 시장 상황에 따라 물리적인 거리 두기 정책을 따르기 위해 커브사이드 픽업(Curbside Pickup) 지역을 선택해서 시행했으며 또 앞으로 커브사이드 픽업 서비스를 제공할 추가 매장을 확대하기도 했다.

이런 서비스 전략의 가장 큰 장점으로 고객과 점원 간의 접촉이 제한되는 견고한 방법의 건강과 안전 프로토콜을 사용하는 것이다.

미국의 대형 슈퍼마켓 체인점 타겟(Target)도 커브사이드 픽업서비스를 시작한 이후 이 방식으로 구매하는 고객이 이전 분기보다 7배 늘어나는 결과를 얻었다.

옴니채널의 대표적 사례인 기존의 매장 픽업 서비스와 커브사이드 픽업은 분명한 차이가 있다. 소비자가 직접 매장 안으로 들어가야 했던 지금까지의 매장 픽업 서비스와 달리 커브사이드 픽업 서비스는 고객의 차량정보 및 차량 도착정보를 매장 측이 휴대폰 앱을 통해 받고 매장 직원이 제품을 고객의 차량 트렁크에 싣거나, 또는 차량에 있는 고객에게 직접 전달한다.

홈플러스 드라이브 픽업 안내 현수막

커브사이드 픽업이 가능한 조건에는 주차장의 크기가 중요하다. 픽업이 가능한 공간이 일단 있어야 물건을 실어 줄 수 있기 때문이다.

한국 오프라인 매장은 수도권의 경우 보통은 1층이 아닌 고층에 주차장이 있기 때문에 이러한 조건에는 적합하지 않다. 또한, 빠른 배달과 배송비 없는 것이 장점이라고 했지만, 쿠팡 같은 경우에는 일정 금액이 넘으면 새벽 배송 혹은 로켓 배송을 제공하기 때문에 소비자들이 그렇게 참을성을 가지기 쉽지 않다.

미국 같은 경우에는 국토 면적이 워낙 넓다 보니 새벽 배송이 불가하지만, 한국에선 이미 흔하다 보니 어려울 확률이 높다. 이처럼 단순히 배송비를 절감하고 빨리 받을 수 있다는 장점만으로는 국내에선 쉬어 보이지는 않는다. 하지만 해외의 경우에는 집 앞에 택배를 두는 것을 굉장히 위험하게 생각하고, 땅덩어리도 원체 넓기에 배송 평균 시간이 국내보다는 늦다.

그러나 코로나로 인해 국내 커머스들도 커브사이드 픽업과 유사한 서비스를 도입한 사례도 있다.

바로 롯데, 현대 등의 백화점에서는 드라이브 픽 서비스를 진행하였고, CU 편의점에서도 드라이브스루 서비스를 도입하기도 했다. 이외에도 롯데에서는 온라인으로 미리 주문하고 매장에서 직접 찾아가는 스마트픽 서비스를 운영하기도 했다. 또 다른 서비스 전략을 보면 커브사이드 픽업이 미국의 추세라면 한국은 온라인 장보기 서비스가 주축을 이르고 있다.

네이버는 실적 콘퍼런스 콜에서 궁극적으로 모든 온라인 쇼핑의 시작점이 되겠다는 말을 했다. 네이버가 이커머스 업계를 장악하기 위해 속도를 내는 것이다. 출발점은 사람들이 온라인으로 자주 찾는 먹거리와 생필품을 장보기 대표 품목으로 정했다. 네이버는 쇼핑 채널 네이버 쇼핑 내에 특가창고 페이지를 열고 이들 상품을 따로 모아 팔기 시작했다. 카카오도 독자적인 장보기 서비스를 시작했다. 네이버와 카카오의 시장 진입에 유통업계가 긴장하고 있다.

네이버 쇼핑에 자리 잡은 특가창고는 각종 먹거리와 생필품을 할인된 가격에 살 수 있는 페이지다. 김치 과자 우유 생수 화장지 등 총 20개 카테고리에서 65개의 국내외 식품 및 생필품 브랜드의 제품을 판매한다. 브랜드를 가진 회사와 그 회사가 지정한 총판만 입점할 수 있다. 먹거리·생필품을 기획, 생산하는 업체들이 사실상 직접 네이버 쇼핑에 들어오는 셈이다.

치열해지는 먹거리·생필품 온라인 시장

업체	서비스	특징	
네이버	특가창고	65개 국내외 식품 및 생필품 브랜드 제품 판매	할인은 물론 적립까지! 네이버 특가창고
카카오	장보기	가공식품·과자·농축수산물 등 판매(27일 출시 예정)	
배달의민족	B마트	30분~1시간 내에 식품 및 생필품 즉시 배송	
CU	요기요 배달	배달 앱 요기요와 협업, 편의점 도시락 등 배송	
쿠팡	로켓프레시·로켓배송	500만여 가지 제품 새벽배송	
SSG닷컴	쓱배송	서울 및 수도권 18개 도시에 새벽배송	

식품·생필품 전용관 '특가창고'

자료원: 한국경제, 2020.2.4.

네이버가 야심 차게 내놓은 온라인 장보기 서비스인 네이버 장보기가 시장에 첫선을 보이자 수많은 언론은 네이버가 온라인 유통업계의 절대 강자가 될지 모른다며 우려 섞인 보도를 쏟아내고 있다. 4,000만 회원이 하루에도 수차례 웹사이트를 오가는 등 명실상부 국내 1위 포털사이트인 네이버가 웹사이트 접근성과 검색 지배력을 앞세워 온라인 장보기 시장을 빠르게 잠식해 나갈 수 있다는 것이다. 현재 온라인 장보기 시장에서 패권을 쥐고 있는 쿠팡은 로켓프레시, 컬리는 마켓컬리, 신세계는 SSG닷컴도 바짝 긴장하는 분위기다.

네이버 장보기의 강점은 접근성 측면만 있는 게 아니다. 네이버는 자체 간편결제시스템인 네이버페이 또한 갖추고 있다. 여섯 자리 비밀번호만 입력하면 사전에 등록해둔 카드를 통해 순식간에 결제가 이뤄진다. 네이버페이의 회원 수만 3,000만 명이 넘는다. 온라인 유통업에서 핵심 요소 중 하나인 결제 시스템을 구축한 만큼 네이버 장보기 서비스의 비교 우위는 뚜렷하다.

한편 이 간편결제시스템에 가입하면 유명한 유통채널의 결제 시스템과 연동이 되어서 쉽게 이용할 수 있는 강력한 장점이 있다.

하지만 후발 사업자인 네이버는 아무리 접근성이 좋고 결제가 간편하다 하더라도 온라인 장보기 시장에서 소비자를 Lock-In 할 만큼 매력을 갖추지 못한다면 실패하기 쉽다. 온라인 시장에서 소비자들은 이용만족도에 따라 타 플랫폼으로 쉽게 오고 갈 수 있기 때문이다. 결국, 사업의 성패는 충성고객을 얼마나 확보할 수 있느냐에 따라 승패가 걸렸다고 할 수 있다.

조금 더 구체적으로 살펴보면 네이버는 홈플러스, GS 프레시몰, 농협 하나로마트, 현대백화점식품관 등 지금까지 온라인 장보기 시장에서는 영향력이 미미했던 군소 오프라인 유통업체들과 손을 잡았다.

네이버 장보기 서비스에 들어온 유통업체들의 특징도 뚜렷했다. 다품목을 자랑하는 홈플러스에 신선식품을 취급하는 GS 프레시몰, 농협 하나로마트, 고가격, 고품질의 현대백화점식품관까지 그야말로 쿠팡, 마켓컬리, 신세계의 장점을 총망라했다. 입점한 업체들의 장점을 합쳐 시너지를 내겠다는 의도로 보인다.

여기에 네이버 서비스만의 야심작인 동네시장 장보기도 포함돼 있다. 화곡본동 시장, 수유 재래시장, 암사 종합시장 등 전통시장 세 곳과 제휴를 맺고 시장에서 판매되는 제품을 수도권 일부 지역에 한해 2시간 이내 혹은 당일 배송해 주는 서비스다. 코로나로 매출에 직격탄을 맞은 소상공인들을 지원한다는 점에서 좋은 반응을 얻고 있다.

하지만 네이버는 소비자와 전자상거래 몰 간의 거래를 중개하는 통신판매중개업자 신분이다. 경쟁자들과의 가장 큰 차이점이다. 쿠팡, 신세계는 중개자 역할뿐만 아니라 효율적인 상품 관리와 빠른 배송을 위해 직매입 방식을 채택하고 있다. 제조업자로부터 물건을 직접 사들였다가 소비자로부터 주문이 들어오면 배송하는 식이다. 또한, 마켓컬리는 중개 없이 전 상품을 직매입하고 있다.

또한, 직매입을 통해서 바잉파워를 통해 물류비 절감 및 원가 이익 확보를 통해 더 높은 가격 경쟁력을 확보할 수 있는 원동력이 될 수 있다.

반면 네이버는 제휴를 맺은 6곳을 네이버 장보기 카테고리 안에 넣고 이를 관리하는 역할만 맡고 있다.

이는 네이버가 극복해야 할 가장 큰 과제 중 하나일 것이다.

하지만 네이버는 결정적인 문제가 있다. 입점 업체 간 통합 배송 서비스가 없다는 점이다. 네이버 장보기 내 홈플러스 페이지에서 1만 원, 농협하나로마트 페이지에서 3만 원어치를 각각 사도 통합이 안 된다. 업체가 정한 기준에 미달하면 각각 따로 배송비를 내야 한다. 일반적으로 온라인 유통업체들은 무료배송을 위한 최소 배송 금액을 3~4만 원으로 정해두고 있다. 네이버 장보기에 입점한 업체들 역시 마찬가지였다. 홈플러스·농협하나로마트는 4만 원, GS 프레시몰은 3만 원 등이다.[7]

네이버 장보기를 통해 다양한 상품을 판매하는 마트나 백화점 상품을 한 번에 둘러볼 수 있고 네이버페이를 이용할 경우 구매 금액의 3%를 포인트로 적립해 주는 장점도 있다.

---

7 쿠팡·컬리·신세계 긴장시킨 '네이버 장보기', 아직은 물음표, 오마이뉴스, 2020.8.31.

네이버 장보기

자료원: 네이버

네이버와 연계하여 민간기업이 아닌 지자체 단위에서 시행하는 장보기 서비스도 진행되고 있으며 전통시장이 많은 동대문구도 이에 따라 경제적 어려움을 겪고 있는 전통시장의 온라인 판로를 열어 주기 위해 '온라인 전통시장 장보기' 서비스를 시작했다. 지역 내 온라인 전통시장 장보기 서비스를 처음 실행하게 된 곳은 경동시장이다.

경동시장은 신선한 채소, 수산물, 육류, 반찬과 경동시장 신관 건물 2층에 있는 청년몰의 먹거리(샌드위치, 돈가스, 덮밥, 베이커리 류)를 온라인에서 주문하면 동대문구 내 지역(장안동, 이문동 제외)에 2시간 이내 배송을 제공한다.

이처럼 네이버는 온라인 중개를 통해 네이버 스토어라는 강력한 플랫폼으로 절대 강자 자리를 확고히 하면서 대기업, 중소기업, 소상공인까지 폭넓고 쉽게 접근할 수 있도록 하였다. 이에 대해 특화된 서비스

인 장보기 서비스를 통해서 더욱 폭 많은 고객을 확보하고자 끊임없이
시도하고 있다.

아직 국내의 배달 시스템과는 다소 차이가 있지만, 온라인과 오프라
인의 결합을 통한 새로운 서비스가 계속 생겨날 것이다.

커브사이드 픽업이나 장보기 서비스는 국내의 경우 전체 리테일 시
장의 수요와 공급은 적은 편이다. 하지만 지속적인 배달료의 상승과 또
다른 바이러스의 대유행에 유연하게 대처하기 위해서라도 리테일 시장
에서 새로운 서비스의 성장 가능성은 높다고 할 수 있다.

5. 서브스크립션 결제

서브스크립션 커머스(Subscription Commerce) 또는 서브스크립션 서
비스(Subscription Service)는 소비자가 상품이나 서비스를 받기 위해서
정기구독을 하는 서비스다. 원래는 잡지나 신문의 구독에서 시작됐지
만, 현재는 다양한 분야에서 활발히 이루어지고 있다.

상품이나 서비스를 개별적으로 파는 대신 서브스크립션 서비스를 통
해서는 상품이나 서비스를 정기적으로 소비자에게 제공한다.

그러므로 상품이나 서비스를 단발성으로 구매하는 것이 아니라 지
속적으로 재구매를 유도해 브랜드 로열티를 높일 수 있다. 멤버십 역시
서브스크립션 커머스의 일종이다.

서브스크립션 커머스를 이용하는 산업은 케이블 방송, 위성 TV, 전

화, 휴대전화, 인터넷, OTT 서비스, 재무 서비스, 헬스클럽, 신문, 잡지 구독 등 다양하다.

시간에 쫓기는 현대인들의 장 보는 시간, 이동 시간을 절약해 주고 정해진 날짜에 정기적으로 상품을 받을 수 있다는 장점이 있다.

서브스크립션 커머스는 서브스크립션(Subscription)과 커머스(Commerce)의 합성어다. 쉽게 말하면 특정 제품을 일정 주기마다 배달해 주는 서비스다.

신문의 정기구독과 유사한 형태이다. 사용자가 필요로 하는 맞춤형 콘텐츠를 제공하는 서비스인 큐레이션 서비스에 추천된 정보와 관련된 제품이나 서비스를 정기적으로 이용할 수 있는 쇼핑이 가미되었다.

이런 서브스크립션 서비스가 더욱 인기를 끄는 것은 바쁘게 살아가는 현대인들이 많아졌기 때문이다. 바쁜 생활 속에 빠른 결정에 어려움을 겪는 현대 소비자들을 위해 업체 전문가가 직접 상품을 골라 배달해 주는 것이다.

서브스크립션 서비스는 해외의 한 스타트업에 의해 시작되었는데 창업자는 매일 아침 면도를 하는데 면도날이 빨리 닳고, 날을 사러 가는 게 너무 귀찮았다고 했다. 이처럼 평소에 누구라도 느낄 수 있던 불편함을 그는 그냥 지나치지 않았다. 그는 저렴한 비용으로 한 달에 한 번씩 면도날 4~5개를 정기적으로 배송해 주는 최초의 서브스크립션 서비스를 시행하게 된다. 월정액 가입을 한 회원들에게 매달 사용할 면도날을 집으로 보내주었고, 이는 기존에 면도하며 불편함을 느끼던 소비자들에게 큰 호응을 얻게 된 것이다. 그 결과 세계적인 생활용품 기업 유니레버는 이 회사를 1조 원에 인수했다.

이러한 성공 사례를 시작으로 다양한 분야에서 서브스크립션 서비스가 시행되었다.

구독 경제 비즈니스 유형
자료원: 삼정KPMG 경제연구원

현재 우리나라에도 다양한 서브스크립션 서비스를 시행하는 기업이 많아지고 있다. 기존에 화장품 정기구독 서비스가 주를 이루었다면 최근에는 그 품목이 다양해진 것이다.

서브스크립션 커머스가 보편화된 미국 시장은 물론 이제 국내에서도 마음만 먹으면 눈에 보이는 거의 모든 것들을 사지 않고 구독만으로 누릴 수 있다.

우선 커머스 시장에서는 반복적인 구매가 발생하는 일상용품을 시작으로 구독 서비스가 확대되고 있다.

미국에서는 온라인 전자상거래 스타트업을 중심으로 다양한 산업군에서 서브스크립션 방식의 판매가 급증하고 있다. 글로벌 서브스크립션 전자상거래 시장은 2018년 132억 달러에서 예측 기간 2019년에서 2025년까지 약 68.0%라는 놀라운 속도로 확장되어 2025년까지 4,782억 달러의 시장 가치에 도달할 것으로 예상했다. 구독 경제 비니지스의 주요 유형에는 멤버십, 렌털, 정기배송 등이 있다.

특히 리테일 기업들은 구매의 전 과정을 개인 맞춤화해 구독 서비스를 제공하는 데 집중하고 있다.

앞에서 언급한 D2C 방식을 기반으로 한 구독 서비스에 인공지능, 빅데이터 등 분석 기술을 접목해 맞춤형 제품을 정기배송해 주는 서비스가 새로운 흐름으로 부상하고 있다.

서브스크립션 판매 방식 인기로 기존 기업들도 서브스크립션 시장에 진출했으며 대기업들이 서브스크립션 판매 방식을 채택하고, 새로운 비즈니스를 런칭하거나 서비스를 확대되고 있다.

그 예로 앞에서 언급한 P&G의 면도날, 세포라 Play!의 뷰티 샘플 박스, 월마트의 뷰티 샘플 박스 등이 있다.

P&G의 Gillette on Demand 홍보 페이지
자료원: P&G

서브스크립션 방식의 소비는 20~40대 젊은이들에게 일종의 라이프 스타일이 되고 있다. 맥킨지가 미국 소비자 약 5,000명을 대상으로 설문 조사한 결과 서브스크립션 방식으로 상품을 구매하는 온라인 쇼핑객 비율은 전체의 15%이다. 전체의 46%는 스트리밍 미디어 서비스를 이용하고 있으며, 상품을 구매하는 동시에 미디어 서비스를 이용하는 비율은 11%이다.[8]

맥킨지가 미국 소비자 5,093명을 대상으로 설문조사한 결과 서브스크립션 방식으로 상품을 구매하는 온라인 쇼핑객 비율은 전체의 15%이다. 고객층의 나이는 25~44세, 연 소득 5만~10만 달러의 미 북동부 도시 지역 거주자가 주를 이루고 있다. 서브스크립션을 통한 상품 구매는 남성보다 여성의 이용 비율이 높지만, 남성 고객이 더욱 적극적으로 활용한다. 상품 서브스크립션 구매 시장에서 여성이 차지하는 비율은 60%로 남성보다 높게 나타낸다.

하지만 상품 서브스크립션을 이용하는 남성 소비자들은 여성보다 더 많은 상품을 정기적으로 구독하는 방식으로 구매한다.

이처럼 리테일 업태 특성상 하위 섹터가 무수히 많으며, 구독 모델로 틈새 분야를 공략하는 카테고리 킬러 플랫폼도 생겨났다. 카테고리 킬러(Category Killer)는 전문 유통업체를 말하여 카테고리 킬러 플랫폼은 범용적인 상품을 판매하는 대형 이커머스 플랫폼과 달리, 특정 제품군·카테고리를 전문적으로 취급하며 관련 서비스를 제공하는 플랫폼을 의미한다.

소비재 분야에서 카테고리 킬러 구독 서비스는 주기적으로 화장품,

---

8 빠르게 성장하는 미국 서브스크립션 판매 시장, 코트라 해외시장 트렌드

의류, 식품 등을 소포 형태 받으며, 영화, 음악 등을 매달 일정 금액을
지불하고 소비하는 형태를 보였다.

북미 권역 내 일회용 콘택트렌즈 구독 서비스 허블(Hubble), 여성용
성인용품 정기배송 서비스 데임프로덕츠(Dame Products), 매트리스 구
독 서비스 캐스퍼(Casper) 및 구독형 가구 렌털 서비스 퍼니시(Fernish)
등이 대표적이다. 한편 스낵만을 전문적으로 취급하는 미국의 스낵네
이션(SnackNation) 같은 구독형 스낵 기업도 인기다. 과자, 음료, 컵라면,
한 컵 과일 등 식사 대용식 혹은 회의 시 고객 접대용 간식을 큐레이션
으로 편리하게 제공해 많은 기업이 스낵 구독 서비스를 이용 중이다.

더불어 대규모 자금력을 보유한 대형 리테일 기업은 기존 구독형 모
델을 보유하고 있는 스타트 기업을 적극적으로 인수하고 있다. 유명 브
랜드의 영향력이 점차 확대되고 있는 시장 환경에서 대규모 기업은 혁
신 비즈니스로 영향력을 펼치고 있는 스타트업을 사들여 자사 역량과
사업영역을 확충해 경쟁이 격화되는 시장 환경 내 활로를 모색하기 위
한 전략을 펼치고 있는 것으로 해석된다.

》 글로벌 주요 유통·소비재 기업의 M&A를 통한 구독경제 비즈니스 확장

(백만 달러)

인수 기업	파인수 기업	공시일	금액	파인수 기업 분야
유니레버 Unilever	달러세이브클럽 Dollar Shave Club	2016.07	1,000	면도기 구독 서비스 제공
	그레이즈 Graze	2019.02	194	스낵박스 정기 구독 서비스 제공
네슬레 Nestle	프레쉴리 Freshly	2020.11	1,550	건강식 HMR(가정간편식)·밀키트 구독 서비스
P&G Procter & Gamble	네이티브 Native	2017.11	100	서브스크립션 기반 환경 데오도란트 브랜드
펫코 Petco	펍박스 PupBox	2017.11	N/A	펫용품 구독 서비스 제공

Source: Bloomberg, 언론보도 종합, 삼정KPMG 경제연구원

글로벌 주요 M&A을 통한 구독경제 비즈니스 확장

자료원: 삼정KPMG 경제연구원

그 예로 유니레버뿐만 아니라 식품점 체인 알버트슨이 밀키트 업체 플레이티드를 2억 달러에 인수하기도 했다.

이처럼 앞에서 언급한 밀키트는 정기적인 배송이 되고 있으므로 구독서비스로 발전 가능성이 높은 카테고리 중 하나로 보인다.

소비자들의 서브스크립션 구매에 결정적인 영향을 미치는 것은 온라인상의 긍정적인 리뷰나 주변 지인의 추천이다. 이들은 서브스크립션 구매를 통해 새롭고 혁신적인 것을 기대한다.

무엇보다 소비자들이 지속해서 서브스크립션을 유지하도록 하기 위해서는 개인화된 경험적 만족을 충족시켜주는 것이 중요하다.

또한, 서브스크립션 종류에 따라 소비자들이 요구하는 것에 차이를 보인다.

제품을 보충해 주는 서브스크립션은 편리함과 가격 할인 같은 경제적 효과를 기대한다. 멤버십 서브스크립션은 편리함, 개인화된 서비스 제공이 중요하다.

아마존에서 판매하는 제품들 중 특히 자주 구매하는 물건들로 예를 들어 기저귀, 화장품, 휴지 등을 Subscribe & Save라는 구매 옵션이 자주 등장한다. 서브스크라이브 앤 세이브는 원하는 주기로 정기배송을 신청하는 구매 방법이며 한 달, 두 달 등 정해 놓은 기간마다 정기적으로 물건이 자동 배송되는 시스템이다. 서브스크라이브 앤 세이브는 다음과 같은 혜택이 있다.

제품의 금액에 상관없이 무료배송이며 5개 미만을 정기배송할 경우 5%, 5개 이상인 경우 15%의 추가할인을 받는다.

정기배송에만 적용되는 할인쿠폰이 자주 나오며 아무 때나 취소할 수 있다.

서브스크라이브 앤 세이브를 신청하는 방법은 간단한데 매 옵션에서 원하는 물건의 개수와 배송 주기를 선택한 후 Subscribe Now 버튼을 클릭한다.

주기는 1개월 단위로 최대 6개월 주기까지 선택 가능하며 만약 배송 시작일이 1월 1일 배송 주기가 1개월인 경우 다음 배송일은 2월 1일로 매월 같은 날짜에 정기적으로 배송된다.

기업명	형태	내용
롯데백화점	정기배송	200여 메뉴 중 배송 수량을 선택해 소량을 정기적으로 배송
신세계백화점	정기배송	월 5만 원의 금액으로 매일 빵 1개를 받아 수 있는 '베이커리 월정액 모델'을 제공
GS25	멤버십	고객에게 차별화 혜택을 제공하기 위해 2020년 5월, 유료 멤버십 서비스 '더팝플러스'를 론칭, 일정 금액을 지불할 경우, 정기적으로 서비스를 제공
GS홈쇼핑	정기배송	GS홈쇼핑은 2019년 달마다 달라지는 마켓을 줄인 '달달마켓'을 론칭하고, 방송을 통해 과일, 견과류, 생수 등 다양한 품목에 대해 정기배송 서비스를 제공 중
쿠팡	멤버십	2018년 10월 매월 2,900원에 무료배송·무료반품·익일배송 등 서비스를 제공하는 '로켓와우클럽'을 론칭
마켓컬리	멤버십	가공식품 대비 구매주기가 짧은 신선식품 특성을 고려해 무료배송 혜택을 중점적으로 제공하는 유료 멤버십 '컬리패스'를 개시, 소비자의 배송료 부담을 경감

국내 주요 기업 서브스크립션 현황

자료원: 삼정KPMG

국내의 경우 신선 먹거리를 주문한 다음 날 새벽에 바로 배송해 주는 샛별배송 서비스로 식품 커머스 시장의 신흥 강자로 떠오른 마켓컬리는 컬리패스라는 무제한 무료배송 서브스크립션를 제공 중이다.

또한, 소셜커머스 업계 1위인 쿠팡도 서브스크립션의 한 형태인 정기배송 서비스를 시작했다.

직접 배달 서비스 로켓배송으로 선봉에 선 쿠팡은 업계에서 최초로 정기배송 서비스를 시행해 눈길을 끈다. 쿠팡에서 정기배송을 신청하면 쿠팡 가격에서 추가로 5% 할인 혜택을 누릴 수 있다. 특히 쿠팡은 생필품, 유아용품뿐만 아니라 반려동물 용품까지 특화해 선보여 소비자들의 마음을 사로잡았다는 평가다.

이로 인해 대형마트나 동네 슈퍼마켓의 경우 분유, 기저귀들의 매출이 큰 폭으로 하락하는 현상이 일어나기도 했다. 특히 유아가 있는 가정의 경우는 편리하고 가성비 좋은 정기배송을 마다할 이유가 없었기 때문이다.

리테일 기업의 정점에 있는 백화점도 정기배송 전에 뛰어들어 화제가 됐다. 백화점 매출액 1위인 롯데백화점이 그 주인공이다. 롯데백화점 서울 소공점은 LG생활건강 빌리프 화장품 매장 고객들에게 서브스크립션 서비스를 운영했다. 이 서비스는 정기적으로 잡지나 신문을 구독하듯 일정 기간마다 화장품을 집으로 배송받는 형태다. 이 서비스 가입비 60만 원으로 회원 가입하면 6개월 동안 정기배송 서비스를 이용할 수 있게 하였다.

서브스크립션은 대기업뿐만 아니라 중소기업과 소기업에서도 충분히 진행할 수 있는 서비스다.

예를 들어서 커피, 베이커리, 지역 신선식품 등의 제품 및 서비스를 고객에게 제공할 수 있다.

다음은 필자가 출장 중에 발견한 중소 커피 전문점의 정기 구독 홍보물이다.

또한, 국내에서 요즘 아주 뜨거운 경쟁을 벌이고 있는 OTT 시장은 다국적 기업의 진출로 교두보로 서브스크립션 형태인 정기구독 서비스 점유율을 올리기 위해서 마케팅 활동이 매우 활발하다.

동대구역에서 발견한 구독 서비스 홍보

선두기업인 넷플릭스를 필두로 2021년 하반기부터는 디즈니 플러스, 애플 TV 등이 공격적인 마케팅을 통해 시장점유율 확보를 위한 경쟁이 심화되고 있다.

서브스크립션을 성공하기 위해서는 고객 이탈을 최소화하기 위해 타깃 고객의 특성을 파악한 서비스 제공과 고객의 리뷰 관리에 각별한 노력을 기울여야 한다.

서브스크립션 종류에 따라 할인, 편리함, 새로움, 혁신 등의 가치를 제공할 수 있어야 한다.

서브스크립션 구매 결정에 온라인 리뷰와 지인의 추천이 큰 영향을 미치는 만큼 사후 고객 관리의 중요성이 더욱 높아지고 있다.

앞서 국내외 리테일 기업의 사례를 보면 소비자와 깊은 유대감을 형성하고 있는 유명 브랜드의 대다수는 구독 프로그램을 보유하고 있는 경우가 많았다.

한편 대형 리테일 기업이 인수를 위해 눈여겨보는 중소규모 브랜드의 공통점은 저렴한 가격으로 정기배송을 내세워 단순히 고객 유인에 나서는 기업이 아니다. 그보다는 서브스크립션 모델 이상의 가치를 보유한 기업들이다. 고객 중심적 사고를 갖추고 있는지 고객이 지불하는 비용을 넘어선 가치를 제공할 수 있는지가 서브스크립션 커머스 시장에서의 성패를 좌우할 것이다.

고객 맞춤형 제품을 정기 배송해 주는 서브스크립션 서비스는 바쁘게 살아가는 현대인의 생활을 더욱 편리하고 좋은 품질의 제품을 제공해 주고 있다. 국내에서도 점점 다양한 배송 품목이 생기고 있는 만큼 서브스크립션 커머스 시장은 앞으로도 더욱 커질 것으로 전망된다.

4장

리테일 창업
인큐베이팅

1. 창업 프로세스

리테일에서는 쿠팡, 금융 분야에서는 토스가 대표적으로 성공적인 인큐베이팅으로 유니콘 기업의 입지에 도달한 기업이다.

이런 기업들은 어떻게 경쟁력이 있는 대기업과의 경쟁에서 당당히 경쟁력을 확보하고 지금처럼 성공적인 비즈니스 모델이 되었을까? 그 이유는 많이 있겠지만, 정책적인 지원을 받은 점이 어떻게 보면 체계적인 비즈니스 모델 정립과 필요한 자금을 확보하는 데 초석이 되었다고 볼 수 있다. 그들이 거쳐간 창업 프로세스를 소개하려고 한다.

1) 창업 전체 프로세스

계획단계 → 준비단계 → 개업단계

첫째 계획단계에는 아이템선정, 시장환경분석, 사업타당성분석, 사업모델 수립, 사업계획 수립 등이 있다.

두 번째는 준비단계로 상품개발, 상권 및 입지조사, 공급업체조사, 매뉴얼 수립, 상호 및 디자인, 점포 계약 등이 있다. 마지막인 개업단계로 인테리어공사, 영업비품, 상품구매, 종업원 채용 및 교육, 사업장 개설 및 영업신고, 사업자 등록, 홍보물 제작 및 배포, 영업조달 등이 일이 있다.

구체적으로 창업 프로세스의 단계별 내용에 대해서 구체적으로 알아
보자.

2) 창업계획단계

- 아이템 탐색: 사업 아이템을 조사하여 아이템 가능성을 검토
- 사회환경분석: 사업환경을 분석하여 사업방향을 수립
- 사업타당성분석: 사업화 여부 분석, 사업의 가능성을 검토
- 사업 모델 수립: 사업 구조 흐름을 검토하여 사업방안을 모색
- 사업계획 작성: 사업내용을 구체화하여 사업 실행내용을 정리

아이템 탐색은 창업자의 적합도 및 아이템의 매력도를 말하며 창업
적의 적합도는 창업자의 욕구와 역량을 의미한다. 이는 각각 창업자가
하고 싶은 아이템과 창업자가 잘할 수 있는 아이템을 의미한다. 또한,
아이템의 매력도는 환경과 가치에 따라 결정된다.

사업환경분석은 내부환경, 외부환경, SWOT 분석, 사업전략 도출을
말하며 내부환경은 강점과 약점의 분석, 외부환경은 위기, 기회분석으
로 이를 바탕으로 SWOT 분석의 전략과 핵심 성공요소를 도출해 낸다.
마지막으로 사업전략 도출 과정으로 전략과제 및 실행방향에 대해서
정리하도록 한다.

사업타당성분석은 시장성분석, 기술성분석, 수익성분석, 사업성평가,
시장환경분석, 보유기술, 이익분석, 문제점 검토, 매출액분석, 원가분석,
비용분석, 현금흐름분석, 해결과제 수립이 있다.

사업모델 수립에는 고객가치, 핵심자원, 핵심활동, 수익구조, 대상고객, 내부보유자원, 고객창출, 수익원천, 가치판매, 수익유형이 있다.

마지막 단계는 사업계획 작성은 이러한 조사를 바탕으로 내, 외부 고객에게 본 사업을 어필하는 단계이며 사업소개, 조사 및 분석, 계획, 재무, 사업(제품), 시장환경, 사업모델, 재무계획, 창업자(회사), 입지환경, 운영계획, 수익분석 등의 내용을 정리하여 작성한다.

이 부분에 대해서는 창업계획서 작성 및 이해에 대해서 자세히 언급할 예정이다.

3) 창업준비단계

- 상품 개발: 기존 상품, 개선한 상품, 새로운 상품
- 입지조사: 상권조사, 점포물건조사
- 공급자조사: 공급업체, 공급조건
- 매뉴얼 작성: 서비스, 접객, 운영관리, 시설관리
- 상호 및 디자인: 상호명, 디자인(CI, BI, 간판, 패키지 등)
- 점포 계약: 임대차조건, 권리분석

상품개발은 기존상품에서 개선된 상품, 전혀 새로운 상품 개발이 있다. 입지조사는 상권조사와 점포물건조사로 나누어지는데 이 부분은 사실 부동산 지식이 필요하므로 전문가의 도움을 받는 것이 좋다.

그러나 기본적인 내용에 이해를 주고자 필자가 집필한 소상공인 중소기업컨설팅에서 작성한 내용을 참고하여 설명하려고 한다.

본 설명은 역사에 입점하는 점포를 개점하기 전에 간단한 상권조사를 통해서 향후 발생할 수 있는 피해를 사전 예방하는 목적으로 상권조사의 중요성에 대해서 언급한 부분이다.

기본적인 상권조사 및 매장위치도를 기반으로 하여 이를 기반으로해서 작성하면 된다. 여기에 기본상권조사는 각 지자체에서 제공한 상권분석 시스템이나 소상공인 진흥공단에서 제공하는 상권 분석 시스템 자료를 활용할 수 있다. 마케팅에서 가장 기본이 되는 것은 상권조사에 따른 마케팅계획 수립으로 임장 활동이 필수이다. 즉, 현장 방문을 하여서 직접 확인하는 절차를 거쳐야 한다. 그러나 의외로 본인의 돈을 수천만 원에서 수억 원씩 투자하면서 실제 입점하려는 매장을 다녀오지도 않고 선정위원회에 참석하는 분들이 의외도 많다. 즉 가맹본부만 믿고 이 사업에 투자를 한 사람들이다.

아래 상권분석 자료에는 최근 4년간의 해당 역의 승하차 인원을 포함하여 상권 내 가구 수, 인구 수 및 상권 내 업종별 상가 수까지 자세히 명기되어 있다.

매출에 대한 정보는 없으며 참고 자료로 코레일유통에서 운영 중인 스토리웨이 최근 3개월 매출을 기반으로 월평균 매출 자료를 보여 주고 있다. 이 자료를 보면 거의 동일 매장 규모의 편의점에서 동편보다는 서편의 월평균 매출이 약 2배가량 높게 나타나고 있다. 즉 서쪽으로 이동하는 유동 고객이 약 2배 가까이 많다고 유추할 수 있다.

상권분석 예시

자료원: 코레일유통 입점계획서

따라서 입점하고자 하는 매장의 위치가 서쪽이면 그만큼 유동 고객이 많을 수 있으며 매출 증대에 기회 요소가 높다고 말할 수 있다. 물론이 자료는 기본으로 참고할 뿐이고 실제로 현장 역사에 가서 평일과 주말로 구분하여서 각각 오전, 오후, 밤으로 구분하여 실제로 매장 앞을 지나가는 유동인구가 얼마인지 카운트하면서 조사하기를 추천한다. 이처럼 가장 중요한 것은 오프라인 점포 창업에서는 현장조사가 필수이며 전문가의 도움을 받는다고 해도 반드시 본인이 직접 조사하는 단계를 거쳐야 향후 일어날 수 있는 문제를 대비할 수 있다.

위 사례처럼 구체적으로 상권조사에서 상권은 상권별 유형 및 특성에 대한 분석과 입지는 입지조건, 접객시설 현황 등에 대해서 파악이 필요하다.

점포물건조사는 점포 시설의 위치, 면적, 구조, 부대시설 등이 있으며 건축물관리대장, 토지대장 등을 통해서 파악할 수 있다. 권리분석에는 임차조선, 권리 침해 사실 여부에 대해서 파악하는 것으로 임대차보호법, 등기부 등본 등을 통해서 알아보아야 한다.

공급자 조사는 공급업체인 제조업체, 도매시장, 수입업체 등이 있으며 공급조건에는 가격, 최소 발주물량, 대금 결제조건, 배송조건, 불량품 처리, A/S 등이 해당된다.

매뉴얼 작성에는 서비스, 접객, 운영관리, 시설관리 등이 있다. 서비스 매뉴얼에는 서비스 종류, 내용 및 특징, 서비스 가격, 서비스 절차 등이 있고, 접객 매뉴얼에는 전화 응대, 예절관리, 복장관리, 접객 관리, 고객 상담 등의 내용이 있다. 운영 매뉴얼에는 업무관리, 고객관리, 인사 및 채용관리 등이 있으며 시설운영 매뉴얼에는 매장관리, 시설점검관리, 안전관리, 위생관리, 소방점검관리 등이 있다.

상호 및 디자인에는 상호명 및 상표 조회 그리고 디자인에는 BI, 간판, 상품 패키지 디자인 등이 있다.

점포계약에는 입지조건보다 구체적으로 임차조건의 보증금, 임차료, 임차 기간, 기타 계약조건 등에 대해서 파악한다. 권리분석에는 각종 공부 확인, 상가임대차 보호 여부, 건물주 평판 및 신용상태 등에 대해서 알아보도록 한다. 건물 세부사항에는 건물 면적 및 형태, 내부구조, 천장 높이 및 환기설비, 전기용량 등이 있다.

다음은 보다 상세한 내용 몇 가지를 명기했다.

- 계약사항: 보증금, 권리금, 월임차료, 관리비
- 등기부등본: 소유권, 각종 권리관계
- 건축물관리대장: 시설용도 및 규모, 건축물 구조, 노후도
- 도시계획확인원: 용도 적합성, 법적 제재, 재개발, 재건축, 미관(간판)지구 여부

4) 점포개업 준비단계

- 사업자 등록: 사업자 등록, 세무기장
- 영업 인허가: 허가사항, 등록사항, 신고사항
- 자금조달: 자기자금, 타인자금
- 인테리어공사: 실내공사, 외부공사, 간판
- 비품, 상품구입: 영업용 비품, 판매상품, 소모품
- 종업원 채용: 종업원 채용, 교육
- 홍보물 제작: 현수막, 전단지, 판촉물

사업장 등록은 개인사업자와 법인사업자가 있으며 과세 여부에 따라 일반과세, 간이과세 및 면세 사업자가 있다.

사업자의 필요인 세무기장에는 장부기장 방식에 따라 복식기장과 간편장부기장으로 분류되며 장부 미기장 적용 사업자의 경우 단순 경비율 또는 기준 경비율이 적용된다.

영업신고는 특정한 사실이나 법률관계의 존부를 행정청에 알리는 사

항이다.

등록은 일정한 사실이나 법률관계를 행정기관에 갖추어 둔 장부에 등재하고 그 존부(存否)를 공적으로 증명하는 것으로 허가와 신고의 중간에 속하는 인허가로 운영되는 사례가 많다.

구체적으로 업종에 따른 인허가 적용은 다음과 같다.

• 허가사항: 단란주점, 유흥주점 등
• 등록사항: 학원, 노래연습장, PC방, 비디오방 등
• 신고사항: 음식점, 미용실, 당구장, 인터넷 쇼핑몰 등

영업 인허가사항으로는 허가, 신고, 등록이 있으며 사전적 의미는 다음과 같다.

영업 허가는 일반적으로 금지된 영업을 특정의 경우에 그 금지를 해제하여 적법하게 영업할 수 있게 하는 행정행위다.

자금조달 방식에는 자기자금과 타인 자금이 있으며 자기자본은 현물이나 현물형태의 출자금인 자본금과 타인자본인 창업정책자금, 은행차입금, 기타 차입금이 있으며 부채에 해당된다.

특히 타인자본의 경우 초기 사업자의 경우 적극적으로 정책자금을 받을 수 있도록 노력해야 한다.

인테리어공사는 실내공사, 외부공사, 간판공사로 크게 구분된다. 실내공사는 실내건축, 전기, 기계 설비, 조명, 소방시설, 냉난방 등이 있으며 외부공사는 차양막(어닝), 야외 테크, 주차시설 등이 있다. 간판공사는 조명간판, 비조명간판이 있으며 위치, 크기, 시인성, 디자인, 법적 사

항을 검토해야 한다.

비품, 상품 구입은 영업용 비품, 판매상품, 소모품으로 나누어진다.

영업용 비품은 설비, 장비, 가구, 영업비품, 장식소품 등이 있으며 판매상품은 판매용 상품과 조리용 부식재료 등이 있다. 기타 소모품은 매장 판매용 소모품, 사무실 소모품 등이 있다.

종업원 채용은 채용분야, 인원, 모집 방법, 채용 서류 등이 있으며 채용 후 교육으로는 상품교육, 접객교육, POS교육, 위생교육, 산업안전보건교육 등이 있다.

홍보물 제작에는 현수막, 전단지, 판촉물 등이 있으며 기타 홍보 수단으로는 홈페이지 블로그, POP 광고 등이 있다.

특히, 2022년부터 시행되는 중대재해처벌법 시행으로 안전 사고예방에 대한 각별한 관리가 필요하다.

2. 창업 아이템 탐색 및 선정

창업자는 아이디어 탐색 및 다양한 정보수집 과정을 통해 다수의 사업 아이템에서 창업자가 보유한 경영자원 및 능력을 고려하여 사업화가 용이한 예비 아이템을 발굴하고 그중에 가장 적합한 아이템을 최종 선정할 수 있다.

이를 하기 위해서는 구체적인 실질적인 시장조사가 시행되어야 한다. 이후에 본격적으로 아이템조사와 선정작업으로 이어진다. 아이템조사에는 구체적인 조사 방법에 대해서도 알아볼 것이다.

1) 창업 아이템조사

창업 아이템의 조사 순서는 자료조사, 분석·예측, 문제점 검토, 방향 설정결론, 시장조사 결과물 순이다.

특히 시장조사 결과물은 체계적, 객관적으로 실행 가능해야 한다.

① 시장조사의 단점

• 개인역량

: 조사수행자 개인능력, 개인 Skill 역량에 의존해서 같은 정보 다른 분석

• 해석오류

: 배경정보 파악 부족, 일회성 조사, 분석 수행으로 현상해석오류 발생

② 시장조사 정보의 분류

• 거시환경분석: 법·제도 환경 구조, 경제적 환경 변화

• 산업환경분석: 시장의 규모, 산업 내 경쟁 여건, 경제 구조

• 기업환경분석: 자사의 강·약점, 경쟁사의 강·약점

• 사업전략수립: 소비자 관련 구매, 사용형태

③ 시장환경의 조사

시장매력도, 인구, 정책, 경제, 문화, 기술, 산업, 경쟁회사, 고객, 업종 경쟁력, 경쟁·대체시장, 통제 불가능한 환경, 통제 가능한 환경을 조사한다.

④ 시장환경조사분석 내용

시장환경분석은 환경적 요소들이 사업에 미치는 영향(기회와 위협)을 분석하여 시장의 매력도(사업적 가치)와 업종 또는 아이템의 경쟁력을 파악하기 위한 과정이다.

- 인구통계분석
: 인구, 업체, 생산, 판매, 소비 등 통계자료의 규모 및 추이 분석
- 거시환경분석
: 법률, 정책, 경제, 사회, 문화, 기술 등 거시적 요인의 변화를 분석
- 산업환경분석
: 수익과 경쟁에 영향을 주는 산업구조의 특성과 변화를 분석
- 경쟁환경분석
: 수익과 경쟁에 영향을 주는 산업구조의 특성과 변화를 분석
- 대상고객 분석
: 세분화된 대상 고객을 선정하고 특성 및 니즈를 분석

⑤ 인구통계조사분석

인구, 업체, 판매, 소비, 지역 등 인구통계적 현황 또는 추이를 조사하여 시장특성 및 고객수요를 분석하고 사업에 미치는 영향을 검토한다.

- 인구통계현황

: 인구, 가구, 주택, 자동차 등 사업대상 규모에 대한 조사

- 업체통계현황

: 경쟁 또는 유사업체 수, 규모 등 경쟁요소에 대한 조사

- 판매통계현황

: 국내외 생산량, 판매량, 수출입량 등 시장 규모에 대한 조사

- 소비통계현황

: 제품 소비량, 사용량, 구매건수 등 고객수요에 대한 조사

- 지역통계현황

: 공공기관, 편익시설, 기반시설 등 사업여건에 대한 조사

⑥ 거시환경조사분석

정책, 법, 경제, 사회, 문화, 기술 등을 조사하여 현재와 미래 사업과 관련된 기회와 위협에 대하여 분석하고 전체적인 사업방향을 수립한다.

- 정책, 법

법률·규정, 정부시책, 제도의 조사 및 변화 가능성에 대한 분석

: 법률, 정책, 제도 변경 조사

- 경제환경

경기, 환율, 원자재가격 등의 조사와 전망에 대한 분석

: 경기침체, 물가 상승, 환율 변화, 원자재가격 인상 조사

- 사회, 문화환경

유행, 문화, 생활양식 등에 대한 조사와 향후 트렌드에 대한 분석

: 유행, 트렌드 등 변화 파악

• 기술, 정보

기술, 정보, 콘텐츠 등의 조사와 미래의 변화에 대한 분석

: 신기술 개발, 경쟁기술 등장 모바일 정보 확산

⑦ 산업환경조사분석

산업환경분석이란 기업이 포함된 산업 트렌드, 산업구조를 조사하고 경쟁과 수익에 영향을 미치는 관련 요인을 분석하는 과정으로 마이클 포터의 5 Forces를 대표적으로 활용한다.

• 기존경쟁자

경쟁 결정요인의 조사와 기존 경쟁기업 간의 강도를 분석

: 차별성, 경쟁력, 인지도 조사

• 잠재적 진입자

신규진입 결정요인을 조사하고 잠재적 진입자의 위협을 분석

: 공급가격 및 수량, 결제조건 조사

• 대체재

대체재 위협 결정요인을 조사하고 대체재의 위협을 분석

: 구매가격, 품질, 서비스 조사

• 공급자

공급자 협상력 결정요인을 조사하고 공급자의 협상력을 분석

: 상대적 가격 및 성능

• 구매자

구매자 협상력 결정요인을 조사하고 구매자의 협상력을 분석

: 규모의 경제, 유통채널

⑧ 경쟁환경조사분석

경쟁회사 현황, 영업, 생산, 사업장, 운영전략 등에 관한 자료를 조사하여 경쟁 수준을 분석하고 문제점의 개선방안 수립 및 경쟁우위를 확보하기 위한 전략을 검토한다.

- 제품요인

제품 특성, 기능, 가격, 디자인, 품질, 브랜드 등에 대한 조사 및 분석

: 사양, 가격, 품질, 브랜드 조사

- 영업요인

조직(인력), 판매점, 홍보, 판촉, 이벤트 행사 등에 대한 조사 및 분석

: 영업조직, 유통, 홍보, 판촉 조사

- 생산요인

생산기술, 사용재료, 생산규모, 생산인력 등에 대한 조사 및 분석

: 사용재료, 공급일정 조사

- 사업장요인

사업장 입지, 시설, 조직(인원), 재무적 능력 등에 대한 조사 및 분석

: 입지, 시설, 인원

- 운영요인

사후관리, 고객서비스, 사회공헌 등에 대한 조사 및 분석

: 사후관리, 고객서비스 조사

⑨ 고객 환경조사분석

고객의 유형, 특성, 니즈, 구매행태 등에 관한 자료를 조사하여 대상 고객을 세분화하고, 세분화된 고객집단에 따른 차별화 전략을 검토한다.

- 고객 유형
: 기업, 공공기관, 개인 등 구매자 조직의 조사 및 분석
- 고객 특성
: 업종, 생산제품, 판매방식, 기업규모 등 구매자 특성의 조사 및 분석
- 고객 니즈
: 기능, 품질, 서비스, 가격 등 고객의 구매 결정요인의 조사 및 분석
- 구매행태
: 구매형태, 구매주표지 샘플기, 구매단위, 결제조건 등 구매방식의
  조사 및 분석

2) 아이템조사

창업자들은 본인이 보유하고 있는 지식 또는 관련 분야, 경험하고 있는 분야에서 사업 아이템을 조사하는 것이 일반적이다. 이럴 경우 본인의 한정된 지식과 경험인 정성적인 기준에 의해 아이템을 선정하고 조사할 수 있다. 그러나 초기에는 주관적인 기준으로 시작해서 설문조사나 통계분석 등의 정량적인 조사 결과를 바탕으로 접근하면 아이템조사 실패 예방에 효과적이다.

이러한 사업 아이템조사의 과정은 욕구중심의 탐색과 제품 위주의

탐색으로 살펴볼 수 있다. 제품 위주의 탐색은 기존제품이나 기술을 분석하여 전체 또는 일부 성능 등을 변경하는 방법으로 기존시장 또는 새로운 시장에 적용할 수 있다.

① 욕구탐색법
- 창업자 요소
: 창업자의 하고 싶은 욕구와 할 수 있는 능력을 충족하는 아이템
- 아이템 요소
: 사업적 측면에서 가치를 실현할 수 있는 아이템
- 창업의 요소
: 창업자의 욕구인 창업자가 하고 싶은 아이템과 창업자의 역량인 창업자가 할 수 있는 아이템
- 아이템 요소
: 아이템 가치인 사업적으로 가치가 있는 아이템과 아이템 환경인 사업적으로 유망한 아이템

② 제품탐색법
- 기존제품탐색 방법
: 기존(변경)제품을 기존 또는 신시장에 적용하는 방법
- 신제품 개발 방법
: 새로운 제품을 개발하여 기존 또는 신시장에 적용하는 방법

기존제품은 기존시장에 기존제품으로 기존고객에게 하는 판매와 새

로운 시장에서 기존제품으로 새로운 고객을 창출하는 판매가 있다.

신제품은 기존시장으로 신제품을 개발해 기존고객을 대상으로 판매하는 방법과 새로운 시장으로 신제품을 개발해 새로운 고객을 창출하는 판매가 있다

아래는 앤소프에 의해 만들어졌다고 하여 앤소프 매트릭스(Ansoff Matrix)라고도 불리며 기존시장인지 신시장인지, 기존제품인지 신제품인지에 따라 4가지 차원의 성장전략을 제시하고 있다.

구분	기존 제품	새로운 제품
새로운 시장	시장개발전략	다각화전략
기존 시장	시장침투전략	제품개발전략

제품탐색 방법

3) 창업 아이템 구체화

조사된 복수의 사업 아이템이 선정되면 창업자는 아이디어 도출 및 다양한 정보수집 과정을 통해 다수의 사업 아이템에서 창업자가 보유한 경영자원 및 능력을 고려하여 사업화가 용이한 예비 아이템을 발굴하도록 한다. 그중에 가장 적합한 아이템을 최종 선정할 수 있다.

사업 아이템을 최종적으로 선정하는 과정에서 다음과 같은 요소를 고려할 수 있다.

① 아이템의 탐색내용

사업 가능성, 사업화 문제점, 핵심 성공요소, 차별화 제고방안

② 창업 아이디어 평가내용

• 상품 가능성

: 참신성, 차별성, 경쟁력

• 구현 가능성

: 창업자 역량(보유기술), 인적구성, 해당 분야 경험 여부

• 판매 가능성

: 시장현황, 경쟁환경분석, 수요예측, 마케팅 전략

• 사업 가능성

: 자금조달계획, 창업계획서, 투자타당성분석

• 수익 가능성

: 수익모델, 손익계산서, 현금흐름, 이익잉여금

③ 창업 배경 및 필요성

• 기존 아이템의 문제

: 기존 아이템에 어떤 문제가 있는가? 사람들은 무엇을 불편해하는가?

• 문제의 원인

: 문제의 원인은 무엇인가? 법률, 제도, 경제, 문화, 기술, 제품 등 문제의 원인을 발견했는가?

• 창업 아이템의 필요성

: 하고자 하는 아이템이 왜 필요한가? 문제점을 어떻게 해결할 수 있는가?

④ 아이템의 개요

- 아이템의 내용

: 어떤 아이템인가? 제품(서비스)명, 규격, 재료, 판매처, 가격 등은 어떻게 되는가?

- 아이템의 구조

: 창업 아이템의 구조 또는 흐름은? 창업 아이템의 영역 및 범위는?

⑤ 아이템의 특징

- 아이템의 용도 또는 기능

: 계획아이템은 어디에, 어떻게 사용되는가? 계획아이템의 고객 또는 활용분야를 구체화했는가?

- 아이템의 장단점

: 가격, 기능, 성능, 품질, 고객효과 등 어떤 장점 또는 단점이 있는가?

⑥ 경쟁 아이템과의 차별성

- 경쟁제품의 현황
- 경쟁회사 및 제품의 내용
- 유사(대체)제품의 현황
- 유사(대체)제품의 내용
- 제품의 차별성

: 제품의 차별적 요소는 무엇인가? 무엇을 어떻게 차별화할 것인가?

3. 사업타당성분석

윌리엄 바이그레이브(William Bygrave)는 창업가를 기회를 인식할 뿐만 아니라 기회를 만들기 위해 조직을 창출하는 사람이라고 정의했다. 이러한 정의는 창업가로서 비즈니스 기회를 단순히 인식하는 데에 그치는 게 아니라 기회를 공략하는 조직을 만들어야 한다는 것이다. 정확한 의미에서 창업에서의 기회는 사업 아이디어와는 다소 차이가 있다.

비즈니스 기회는 외부환경의 변화에 기반을 두어 형성되는 것이라면 창업가는 객관적으로 존재하는 기회를 인식하고 그것을 여러 가지 자원인 기술, 경영, 인적, 금전 등을 활용해야 하는 것이다.

특히 먼저 고려해야 하는 것이 해당 사업이 충분한 수익을 지속적으로 창출할 수 있는지 검토해야 한다.

1) 수익 산출

'사업성이 있다'는 한마디로 표현하면 돈이 되는 사업이다. 즉, 이익이 큰 사업이다.

가장 먼저 손익계산서를 검토한다.

손익계산서를 작성하려면 '수익(매출액) 산출 – 비용(원가 + 비용) 산출

= 이익 산출'이다.

▸ 수익(매출액) 산출 1

: 판매수량 산출 * 판매가격 결정

▸ 수익(매출액) 산출 2

: 수요예측 분석 + 판매전략수립

▸ 원가(비용) 산출 1

: 직접비용 산출 + 간접비용 산출 = 제품원가 산출

▸ 원가(비용) 산출 2

: 시설계획 수립 + 운영계획 수립

사업성의 조건을 파악하기 위해서는 수익, 비용, 이익을 각각 구해야 한다.

첫째, 수익은 수요예측과 판매전략을 통해 판매수량과 판매가격을 산정하여 매출액을 산출하고 분석한다.

둘째, 비용은 시설계획과 운영계획을 통해 직접비용과 간접비용을 산출하여 제품원가를 산출하고 분석한다.

마지막으로 이익은 매출액과 제품원가를 통해서 추정 손익계산서를 작성하고 이익수준 규모를 분석한다.

2) 사업성 분석

이러한 사업성의 분석 흐름은 다음 표와 같이 정리된다.

구분	검토 내용	조사, 분석 내용
수익산출	판매수량, 판매가격	수요예측, 판매전략
비용산출	직접비용, 간접비용	시설계획, 운영계획
이익 추정	손익계산서, 현금흐름표	매출계획, 비용계획

사업성 분석의 흐름

다음으로 사업타당성분석이란 예비 창업가가 준비한 사업내용의 실현가능성(Feasibility)을 냉정하고 객관적인 과정으로 검토하고 점검하는 것으로 창업자의 역량(Ability), 기술성, 수익성, 시장성 등의 분석 과정을 거친다.

사업 아이디어가 제품화 과정을 거쳐 시장에서 수요를 창출하여 사업이 성공할 가능성의 여부를 체계적이며 합리적인 방법으로 분석하는 것이다. 이러한 사업타당성분석은 재무, 경제적 의사결정에 필요한 기초자료를 제공하여 창업을 실패 가능성으로부터 보호하기 위해 반드시 필요한 사전점검 장치라고 할 수 있다.

사업타당성분석은 외부 전문가 또는 기관 적어도 제3자의 객관적이고 냉정한 검토를 받아보는 절차가 필요하다. 객관적이고 체계적인 사업타당성분석의 결과는 창업의 성공 가능성을 높여 줄 것이며, 필요한 준비사항을 파악하여 효율적으로 창업준비를 가능하게 해 주며, 창업자가 미처 생각하지 못한 부분에 대한 검토를 통해 위기관리를 가능하

게 해 주며, 창업자의 경영능력 향상 및 사업 지식 습득을 도와주는 효
과를 가져다준다.

사업계획의 객관성확보	• 신규사업 추진에 대한 실패요인을 사전점검을 통해 성공가능성 제고
창업 비용 최소화	• 신규사업의 문제점 및 제약요소 파악 • 사업추진 기간 단축 및 창업비용 최소화
성공적인 사업의 틀 마련	• 기술성, 시장성, 수익성, 자금계획 등 세부적인 항목에 대한 분석을 통해 사업 추진 세부사항 검토
경영능력 향상	• 창업 준비를 통한 경영관련 분야의 지식습득으로 경영 능력 향상

사업타당성분석의 필요성

3) 사업타당성분석 프로세스

• 시장성분석

: 시장 가능성- 제품을 어느 정도 팔 수 있는지를 분석 → 매출액

• 기술성분석

: 기술제품화 가능성- 돈이 얼마나 들어가는지를 분석 → 원가/비용

• 수익성 분석

: 수익 가능성- 돈을 얼마나 버는지를 분석 → 이익/현금흐름

이러한 요소들을 반영하여 간단하게 실제로 무인 밀키트 점포를 개
점한다는 가정하에 시장성 여부를 분석에 활용되는 요소들에 대해서
정리해 보면 다음과 같다.

① 수요예측 기법

수요예측은 미래의 일정 기간에 대해 제품이나 서비스에 대한 수요를 예측하는 것으로 단기적으로는 6개월 이내의 월별, 주별, 일별 예측이 있으며 중기적으로 6개월에서 2년 그리고 장기적으로는 2년 이상을 예측하기도 한다. 수요예측 기법에는 정성적 기법, 시계열 분석 기법, 인과적 모형 기법 등이 있다.

• 정성적 기법

: 경영적 판단, 전문가적 지식, 경험 등에 입각하여 수요를 예측으로 과거 자료가 없거나 신뢰할 수 없는 경우에 유용하다. 대표적인 종류에는 델파이법, 시장조사법, 패널동의법, 역사적 유추법 등이 있으며 중, 장기 예측에 쓰인다.

• 시계열 분석 기법

: 과거의 역사적 수요에 입각하여 미래의 수요를 예측하는 방법으로 시계열은 시간에 따라 변화하는 어떤 현상을 일정한 시간 간격으로 관찰할 때 얻어지는 일련의 관측이다

• 인과형 모형

: 과거의 자료에서 수요와 밀접하게 관련된 변수들을 찾아낸 다음, 수요와 이들 변수 간의 인과관계를 분석하여 미래수요를 예측한다. 리테일 사업의 경우 수요예측은 단기적으로 최대한 보수적으로 설정하는 것이 Risk에 대비하는 방법이다.

4) 시장성분석 내용 평가

시장성분석 내용은 주요 평가항목과 세부 항목별로 평가 보고서에 수록되며, 대상기술에 대한 시장분석 결과에 대한 객관적인 해석이 포함되어, 평가의뢰자 또는 이용자가 그 보고서를 이해할 수 있도록 충분한 정보를 포함하고 있어야 한다

과제	항목	검토 및 분석 내용	평가점수
시장환경 분석	인구통계분석	인구통계의 변화 및 규모	
	거시환경분석	거시환경요인의 변화 및 영향	
	시장특성분석	시장의 특성요인 및 시장매력도	
	산업구조분석	산업의 구조적 요인 및 영향	
	경쟁환경분석	경쟁력 평가 요인 및 경쟁력 수준	
예상매출액 산출	대상고객분석	고객집단 분류 및 특성 변화	
	고객수요예측	고객수요(입지, 거래처 생산) 가능성	
	판매전략수립	유통경로(판매형태)별 예상가격 합리성	
	매출액 산출	예상 매출액 규모의 적정성	
합계			

시장성분석 내용 평가 예시

① 기술성분석 흐름

기술성분석이란 제품 생산에 필요한 기술적 요소를 파악하고 관련 비용을 예상하고 기술적 타당성 평가와 원가분석 추정을 위해 반드시 시행해야 하는 단계다.

기술력평가는 기술을 활용하는 주체의 인력, 조직, 지원서비스 등을 종합적으로 평가함으로써 그 주체의 기술개발, 흡수 및 혁신능력을 평가하는 것을 말하며, 등급, 점수 등 다양한 형태로 표시될 수 있다.

기술성 평가는 기업이 특정 기술 또는 아이디어를 신규로 사업화하거나 현재 추진 중인 기술 사업의 투자를 확대하고자 하는 때에 당해 사업의 기술성을 평가한다.

기술은 지식, 노하우를 포함하며 생산은 판매활동, 서비스 활동을 포함한다. 좋은 기술을 가지고 있지만, 제품화, 사업화하는 데 문제가 있다면 기술력은 있지만, 기술성은 없다고 할 수 있다.

과제	항목	검토 및 분석 내용	평가점수
보유기술 분석	제품특성 검토	제품생산소요기술 및 자원	
	보유기술 분석	보유기술의 적합성 및 부족기술의 내용	
	기술전략 수립	부족기술의 해결방안 및 기술적 타당성	
제품원가 분석	생산계획 수립	시설 및 운영계획의 적합성	
	생산비용 산출	제품별 직접비 및 간접비	
	제품원가 분석	제품원가 수준 및 사업화 가능성	
합계			

기술성분석 내용 평가

5) 수익성분석 흐름

수익성분석이란 생산한 제품과 서비스를 판매해서 예상되는 매출액과 투입되는 비용을 추정한 다음에 창업을 통해서 어느 정도 수익을 달성할 수 있는지를 분석하는 과정이다.

여기에서 헷갈리기 쉬운 수익과 비슷하게 사용되는 이익, 수입에 대해서 알아보자.

수익 VS 이익

수익은 경영활동의 결과로 유입되는 자산(vs 비용(-))

이익은 수익에서 비용을 공제한(+) 차액 값(vs 손실(-))

수익 VS 수입

수익은 경영활동의 결과로 유입되는 자산(현금과 외상 포함)

수입은 경영활동의 결과로 유입되는 현금(vs 지출)

이익과 현금흐름

이익 = 번 돈 = 수익 − 비용

현금흐름 = 남은 돈 + 수입 − 지출

구분	과제	검토 내용	평가점수
이익분석	자금계획 수립	자금조달의 부족	
	이익계획 수립	추정이익의 적정성	
	재무제표 작성	이익률, 자산/부채 규모, 현금증가 수준	
	재무계획 분석	경영지표의 적정성	

현금흐름 분석	현금흐름 산출	현금흐름의 과부족금액	
	현금흐름분석	회수기간,NPV,IRR 수준	
	EVA 분석	EVA 금액	
	위험분석	위험수준	
합계			

수익성분석 내용 평가

구분	내용	금액(천 원)	산출내역
사업장금액	보증금	50,000	월 250만 원*20개월
	권리금	60,000	구.25평*240만 원
	인테리어	50,000	구.25평 만 원*200만 원
소계		160,000	
평당 투자금액 160,000천 원/25평 = 6,400천 원			
비품구입금액	영업장 비품	2,000	영업장에 필요한 비품
	POS	700	모니터,프린터,카드체크기
	통신	50	전용회선 가입비
	기타비품	1,000	서비스에 필요한 비품
	초도상품비	5,000	초기 재품비
소계		8,750	
기타금액	지급입차료	2,500	개업전 임차료
	홍보판촉물	1,500	홍보판촉물제제작/배포비
	개점식 비용	1,000	개점행사
소계		5,000	
합계		173,750	

리테일 점포 투자금액 분석 예시

무인점포를 오픈할 때 간단하게 목표 매출액 관련해서 다음과 같이
설정할 수 있다.

첫째, 예를 들어 A 무인점포 임차료와 운영비, 개인적인 생활비용으로 매월 고정적으로 600만 원 정도를 지출하고 있으며 제품당 평균 마진은 50%를 차지하고 있다, 이때 월 고정적 비용을 지출하기 위해서 일 매출액은 어느 정도가 되어야 하는가?

월 목표 매출액 = 600만 원/50% = 1,200만 원

일 목표 매출액 = 1,200만 원/30일 = 40만 원

둘째, B 무인점포의 한계이익률이 40%로 인건비, 임차료 등 정비가 600만 원이고 목표이익이 300만 원이다. 이번에 신규로 장비를 구매 시 비용이 발생(매월 120만 원)할 경우 목표 매출액은?

월 목표 매출액 = 600 + 300 + 120만 원/40% = 2,550만 원

만약, 사업타당성분석 없이 신사업에 착수한다면 사업에 실패할 경우 자본, 인력, 장비 등 돌이킬 수 없는 막대한 손실이 발생할 수 있다.

따라서 빠르게 변화하는 환경 속에서 창업을 준비하시는 창업자분들도 사업의 수익성을 객관적인 수치로 제시하기 위한 핵심역량이 필요하다.

4. 창업지원사업 사업계획서 작성 및 이해

1) 사업계획서 정의 및 작성 이유

사업계획서는 사업 아이템을 실행 가능한 구체적인 계획으로 발전시키는 중요한 도구이며 회사를 대변해 주는 강력한 문서로서 기업의 현재 위치와 미래에 대한 비전, 그리고 그 비전을 달성하기 위한 계획을 보여 주는 것이다. 사업계획서 작성 이유 대해서 알아보면 네 가지 정도로 정리할 수 있다.

① 체계적인 사업 추진을 위한 설계

단순한 아이디어 또는 경험에 의한 주관적인 사업계획을 방지하고 인사, 구매, 생산, 마케팅, 재무 등의 기업 경영활동 전반에 대해 사전에 검토할 수 있다.

② 계획사업을 위한 시뮬레이션 과정

사업수행을 사전에 연습함으로써 시행착오를 예방하고 사업 기간과 비용을 절약할 수 있으며 사전 실수의 점검을 통한 실패확률의 감소로 사업자에게 사업 성공의 가능성을 높여 준다.

③ 제3자에 대한 설득자료

이해관계자인 투자자, 금융기관, 정부 및 지자체 등을 위한 설득자료로서 사업자의 신뢰도를 증진시켜 자금조달이나 각종 정책 지원을 받는 데 활용한다.

④ 사업 추진을 위한 소개자료

기업 간의 사업 제휴, 납품 또는 입점 계약, 대리점 또는 가맹점 모집, 공공기관 입찰 서류 제출, 인허가 신청, 기술 및 품질 인증 등을 진행하고 회사를 소개하는 데 활용한다.

2) 사업계획서의 용도

사업계획서의 용도 또는 작성 구분으로는 내부 운영용과 외부용으로 나눌 수 있으며 외부용은 자금조달용, 인허가용, 기술평가용, 대외업무용, 기타 등으로 용도에 따라 구분할 수 있다.

① 내부 운영용

- 경영계획서, 신규사업계획서, 사업설명회, 사업보고서, 사업운영용, 투자검토용으로 비정형 사업계획서

② 자금조달용

- 투자유치용(벤처캐피털, 엔젤투자자, 주식공모, IR), 금융기관 대출신청용으로 비정형 사업계획서
- 정책자금(융자, 출연) 신청용, 신용보증 신청용, 은행자금 신청용으로 정형 사업계획서

③ 인허가용

• 창업사업계획 승인용, 각종 인허가용으로 정형 사업계획서

④ 기술평가용

• 기술담보가치 평가용, 벤처기술 평가·이노비즈 기업 평가, 코스닥
예비심사를 위한 기술 평가 등으로 정형 사업계획서

⑤ 대외업무용

사업제안, 전략적 제휴, M&A용, 협력업체 등록 또는 백화점(할인점)
입점용, 공공기관 입찰 또는 등록, 대리점 또는 가맹점 모집용으로 비정
형 사업계획서

⑥ 기타용도

창업보육센터 입주신청용, 창업경진대회 참가용 등 정형 사업계획서

3) 사업계획서 작성 기본 원칙

사업계획서 작성 기본원칙으로는 신뢰성, 일관성, 이해용이성, 독창
성, 긍정성으로 말할 수 있으며 각각의 내용은 다음과 같다.

① 신뢰성

객관적 자료를 근거로 전문가적 분석 과정을 거쳐 가장 간편하면서
도 효과적으로 계획수립 시 사용한 자료들의 출처를 명기하는 것이다.

② 일관성

세부 계획 내 혹은 각 부분 계획 간 논리적 일관성이 확보되어야 한다. 또한, 전체적인 구조의 흐름이 자연스럽고 반복되는 내용이 나오지 않도록 한다.

③ 이해용이성

사업계획서에서 사용하는 용어나 개념들을 관련 있는 투자자, 금융기관 등이 이해할 수 있도록 눈높이를 맞추어야 한다. 특히, 약자나 전문용어를 사용하는 경우에는 최초 사용 시 반드시 전체 용어와 해설을 첨가하여야 한다.

④ 독창성

계획 제품이나 서비스가 최초의 혁신적 신제품이 아닌 경우에는 기존 사업이나 타 경쟁업체와 구별되는 자사 제품 및 서비스만의 특징을 부각해야 한다.

⑤ 긍정성

대내외 여건에 대한 적당한 낙관은 사업계획의 매력도를 제고하며 오히려 설득력이 있을 수 있다. 너무 보수적으로 사업계획을 수립하여 장래성이 없다는 인상을 주지 말아야 한다.

좋은 사업계획서를 작성하려면 창업 아이템의 구체화, 내용 작성에 대한 이해, 문서 작성에 대한 요령을 충분히 이해하고 여러 번 작성하면서 연습해야 한다.

4) 사업계획서의 핵심구조

사업계획서의 핵심구조를 8단계 정도로 구분하여 각각에 대한 주요 내용과 실제로 작성되었던 각기 다른 사업계획서를 내용을 발췌 및 일부 편집하여 이해가 쉽도록 제시하고자 한다.

또한, 한 분야 사업계획서의 내용이 아니고 각 핵심구조의 특징에 맞게 작성된 사업계획서와 성공적으로 사업을 하는 기업들을 분석하여 사업계획서의 핵심구조를 설명하려고 한다.

작성구분	작성항목	비고
1. 표지/목차	제목/연락처	
	색의 정체성	
	목차는 9단계 기재	
2. 요약	사업계획서 요약	
	핵심제품	
	수익성	
	사업동기	
3. 회사개요	회사 현황	
	연혁/비전	
	CEO 및 핵심인력	
	조직구성도	
	제품	
	핵심역량	

4.외부환경 분석	산업동향분석	
	시장수요분석	
	경쟁업체분석	
	5Forces 분석	
5.사업전략	SWOT 분석	
	STP분석	
	4P, 4C 분석	
	기타 운영전략	
6.재무계획	추정소요자금	
	자금조달계	
	추정손인계산서	
	원가분석	
	투자회수방안	
7.위기/대응	시기별 위기예측	
	대응계획	
	위기를 기회로 핵심 성공전략	
8.실행일정 및 기타	창업준비업무별 실행일정	
	향후 3년간 사업 로드맵	
	결론	

단계별 사업계획 핵심구조

① 표지, 목차

먼저, 1단계 표지 부분에서 체크할 것을 살펴보면 다음과 같다.

본인이 작성한 사업계획서 표지, 목차 페이지를 아래의 표지, 목차 Check List와 비교하여 Check List의 항목에 맞게 작성된 항목 □ 에 √ 표시를 하시오.

▶ 표지

☐ 회사명과 BI 로고(있을 경우) 기재

☐ 제목은 너무 길지 않게 작성

☐ 잘 보이는 곳에 '사업계획서'라 명시

☐ 담당자의 이름 및 연락처(E-mail)

☐ 날짜

☐ 사업 아이템과 맞는 이미지와 색감을 표지 디자인에 사용

▶ 목차

☐ 목차 항목이 사업계획서 8단계에 맞게 또는 유사하게 작성

① 목차 ② 핵심요약 ③ 회사개요 ④ 외부환경분석 ⑤ 사업전략 ⑥ 재무제표 ⑦ 위기 및 대응 ⑧ 실행계획 및 기타사항

▶ 세부항목 구성(모든 세부항목 구성이 적절한 경우 √ 표시)

☐ 회사개요

① 회사 일반개요 ② CEO 및 핵심인력 ③ 조직구성 ④ 목표와 비전 ⑤ 사업내용(고객의 Needs, 기존의 해결책, 해결책의 문제점, 본인의 해결책, 제품 및 서비스 소개, 기술적 차별성, 핵심역량, 제품 도면 및 이미지) ⑥ 매출 현황 (있을 경우)

☐ 외부환경분석 사업계획

① 관련 산업 분석 ② 시장수요 분석 ③ 경쟁업체 현황 ④ 경쟁업체 비교분석

☐ 사업전략

① SWOT 분석 ② STP 전략 ③ 4P 또는 4C 분석

▢ 재무제표

① 예상 소요비용 ② 자금조달계획 ③ 원가분석 ④ 추정 손익계산서

▢ 실행계획

① 단계별 실행일정 ② 향후 3년간 로드맵

▢ 첨부자료(해당되는 사항이 하나라도 있으면 V표시)

① 지식재산권(특허, 실용신안) ② 판매 계약서 또는 구매의향서(협약서)

③ 수상내역 ④ 긍정적인 보도자료

▢ 목차가 전체적으로 하나의 스토리텔링이 될 수 있게 구성

표지 샘플

② 요약

2단계는 요약으로 사업 아이템의 핵심 내용을 동영상으로 보여 주거나 도식화를 통해 논리적 구조로 설명한다. 내 사업이 정말 필요한 사

업이며 타당한 사업이라는 점을 부탁하여 내 사업계획서를 끝까지 읽어 보게끔 하는 것이 가장 중요한 목표다.

사업 동기에 대한 인터뷰 및 영상 자료 제공할 수 있으며 예를 들어 "내가 사는 집은 작은데 기존 가구는 너무 커서 불편해"라든지 문제제기 또는 필요성을 주장하며 "Secret Cube는 공간 활용이 뛰어나서 이것 하나면 모두 해결돼"라는 식으로 해결방안을 어필해야 한다.

구체적으로 문제점을 보다 세부적으로 나열하며 1인 가구의 문제인 협소한 주거공간, 부족한 수납공간, 열악한 생활공간 등을 파악할 수 있다. 이에 대한 해결방안으로 가치제공인 실용적 주거공간 창출, 다양한 수납공간 제공, 개성적 생활공간 연출 등을 제시할 수 있다.

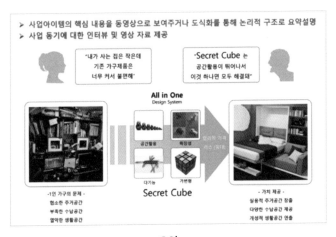

요약

자료원: 제품·서비스를 돋보이게 하는 사업계획서 작성방법

③ 회사개요

3단계는 회사개요다. 첫 번째는 회사 현황, 기본적인 사항에 대해 현

재 기준 및 예정 사항까지 자세하게 기술하도록 한다.

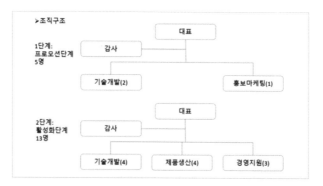

■ 회사 현황
- 회 사 명: ATI Group
- 대 표 자: 이민석
- 업 종 명: 전자 제품 제조업
- 사 업 분 야: 웨어러블 뷰티케어
- 자 본 금: 5천만원
- 종 업 원 수: 5명 (대표 1 ,감사1,기술개발2, 홍보 마케팅 1)
- 법 인 설 립: 2021년 12월 예정
- 소 재 지: 서울특별시 예정
- 연 락 처: 010-123-5678

➤조직구조

1단계:
프로모션단계
5명

대표 — 감사 — 기술개발(2) — 홍보마케팅(1)

2단계:
활성화단계
13명

대표 — 감사 — 기술개발(4) — 제품생산(4) — 경영지원(3)

조직구조

두 번째는 조직구성도에 대해 일자리 창출과 사업 확장설을 고려하여 어필하도록 한다.

세 번째는 창업자의 핵심역량에 대해 창업자가 보유하고 있는 경력, 전문성, 핵심파트너 등의 핵심역량을 기술하면서 최대한 어필해야 한다. 이 부분은 평가위원의 평가 시 상당한 영향력을 주는 부분이라고 할 수 있다. 특히 창업자의 전공, 회사 경력 중 동일 분야의 진출은 긍정적인 요소로 작용할 수 있다.

　네 번째는 창업자의 핵심 네트워크 사항으로 전략적 네트워크, 즉 파트너사와 소개 및 실적에 대해서 언급하고 협업 부분에 대해서 구체적으로 기술하는 것이 중요하다.

　다섯 번째는 제품 특징, 서비스의 특징에 대한 구체적인 설명으로 이미지, 도면, 동영상 등을 활용하도록 한다. 내가 개발한 제품 및 기술에 대한 것을 말할 차례이며 대부분 제품 및 기술에 대해 작성할 때 자신이 개발한 제품 및 기술이 최고라는 식의 표현 오류가 발생하기 쉽다. 따라서 언제나 항상 상대방의 입장에서 내 제품을 바라볼 필요가 있으며 가장 쉬운 표현법으로 정말 내 제품 및 기술이 잘났다는 것을 확인시켜주어야 한다.

제품 소개

자료원: 미니구마

　마지막으로 제품 서비스의 진입 장벽 구축을 위해 자사가 보유한 핵심역량과 차별화에 대해서 언급하도록 한다. 이 세상에서 제일 좋은 제품이고 기술이라는 것을 보여 주기 위해서는 현재 시장의 경쟁제품, 기술과 비교하여 보여 주는 방법이 가장 효과적인 방법이다.

④ 외부환경분석

제품, 서비스의 관련 목표 시장 동향을 보도자료, 통계청 자료, 논문 자료 등에서 조사하여 시장의 변화와 전망을 기술하는 과정이다. 세부적으로 구분은 목표 시장의 규모, 목표 시장의 특징, 목표 시장의 전망에 대해서 정리가 필요하다.

통계청에서 제공하는 정보를 활용하여 시장 현황 분석을 한다면 그만큼 공신력이 있으며 정확한 자료는 없을 것이다. 통계청에서 자료를 활용하는 방법은 2가지가 있다. 국가통계포털(kosis.kr)과 E-나라지표(www.index.go.kr)다. E-나라지표는 정부기관에서 엄선한 지표들로 사회, 경제, 문화 등 다방면에서의 우리나라 현 위치를 보여 주는 자료다.

외부환경분석 예시

정부기관에서 선정하기에 부문별 지표와 부처별 지표로 나누어 볼 수 있다. E-나라지표는 주로 거시적인 경제 상황을 통해 전반적인 국가 경제에 따른 시장 변동 사항을 예측하는 목적으로 사용될 수 있다.

두 번째 시장동향 분석은 시장의 개괄적 조망을 통해 시장의 특성과 사업 가능성을 파악하는 것이다.

시장 정의는 시장의 특성 및 거시경제를 중심으로 기술하며 시장 규모는 최소 향후 3개년 이상을 예측하며 근거 자료를 명기하도록 한다.

시장 동향 분석에서 경쟁업체 분석은 마이클 포터의 5 Forces 모형을 통해 산업구조와 경쟁 판도를 파악하고 주요 경쟁자를 분석하는 것이다. 사업의 경쟁 판도를 통해서 개괄적 사업 매력도를 판단하고 주요 경쟁자는 향후 다크호스를 포함하여 현황과 동향을 분석할 수 있다.

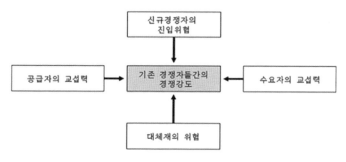

마이클 포터의 5 Forces Model

산업구조분석은 해당 기업이 속해 있는 산업의 구조와 변화가 기업의 장기적인 전략 방향과 수익성에 큰 영향을 미치게 되므로, 해당 산업의 주요 요소들의 구조와 역학관계를 규명해 핵심 성공요인을 도출하는 데 있다.

5 Forces 분석은 5가지 세부적인 요인들이 기업에 미치는 영향을 체계적으로 분석해 기업의 전략과제와 시사점을 도출한다.

예시로 치킨 신규 창업을 준비할 때 경쟁업체를 분석한 자료를 다음과 정리할 수 있다.

구분	창업자	치킨마루	네네치킨	오븐에 빠진 닭
가격	13,000~	14,000원~	17,000원~	18,000원~
품질	보급형	보급형	프리미엄	프리미엄
특징	저가형 오븐구이	저가형 치킨	대중적 취향	치킨전문 술집
목표고객	주변가구	주변가구	주변가구	젊은 고객층
마케팅	전단지 광고	전단지 광고	TV 등 적극적 홍보	프렌차이즈 홍보
위치	거주지 상권	거주지 상권	거주지 상권	중심 상권
강점	웰빙+저가격	저가격	인지도높음	웰빙+주류 판매
약점	마진율,인지도낮음	마진율 낮음	유사제품 경쟁치열	배달 소극적

경쟁제품 분석

자료원: 제품·서비스를 돋보이게 하는 사업계획서 작성방법, 일부 내용 수정

5 Forces에 해당하는 자료를 찾을 때 각 구분별 유용한 사이트를 제시하면 다음과 같다.

인구통계자료는 통계청 KOSIS 국가통계포털, 주민등록통계(각 지자체), 산업현황자료는 정부(지자체) 및 산하기관 정책 및 통계자료, 협회 또는 단체의 통계 및 보고서 자료, 통계로 보는 뉴스(www.datanews.co.kr), 시장현황자료는 관련 연구소의 시장조사 및 보고서 자료, 민간 리서치전문기관 보고서 자료, 경쟁현황 자료는 금융감독위원회 기업공시자료, 한국특허정보원의 특허 공개자료, 고객 현황 자료는 한국소비자원, 민간 경제연구소가 있다.

이외에도 유용한 것으로 국가 지식포털 정보자료, 국회도서관 논문 자료, 구글 고급검색 등이 있다. 시장 실수요 파악을 위해서 Naver Data Lab을 무료로 활용하는 방법도 있다.

⑤ 사업전략

사업전략으로는 SWOT 분석, STP분석, 4P분석, 기타 운영전략 등이 있다. 마케팅 관점에서 마케팅 전략수집의 단계이며 정리를 하면 다음 과 같이 구분하여 거시적 환경분석, 마케팅 전략수립, 마케팅 실행으로 구분할 수 있으며 여기에서 언급하는 사업전략은 마케팅 전략수립에 해당하는 내용이다.

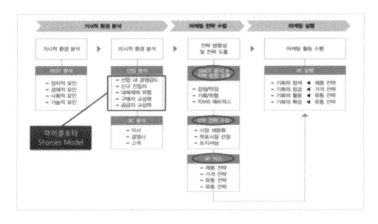

마케팅 전략수립 프로세스

자료원: 제품/서비스를 돋보이게 하는 사업계획서 작성방법

먼저 SWOT 분석은 강점(Strength), 약점(Weakness), 기회(Opportunity), 위기(Threat)의 앞글자를 따서 부른다.

기업의 강점과 약점, 환경적 기회와 위기를 열거하여 효과적인 기업 경영전략을 수립하는 분석방법이다. 개별적 분석 외에도, 주로 강점과 기회(SO)분석, 강점과 위기(ST)분석, 약점과 기회(WO)분석, 약점과 위기(WT)분석의 네 가지 방법으로 분석한다. 내부 요인과 외부 요인을 결합해 분석하는 것이 향후 전략을 수립에 도움이 되기 때문이다.

기업의 내외부를 구분하는 기준은 해당 기업이 통제할지 여부이다. 통제할 수 있으면 내부적 요인이고, 없으면 외부적 요인이다. 예를 들어 기후변화, 재난, 국제정세 등이 외부적 요인이다. 반대로 인사정책, 기술개발 등은 내부적 요인이다.

기업 내부요인에는 Strength와 Weakness가 있다. Strength는 강점을 지칭하는 의미로 창업 아이템이 소비자로부터 강점으로 인식되는 것은 무엇인지, 경쟁사보다 우위를 정하고 있는 것이 무엇인지를 의미한다.

Weakness는 약점을 지칭하는 의미로 창업 아이템이 소비자로부터 약점으로 인식되는 것이 무엇인지, 경쟁사보다 약세를 보이는 것은 무엇인지를 의미한다.

기업 외부요인에는 기회(Opportunity)와 위협(Threat)이 있다. Oppor－tunity는 기회를 지칭하는 의미로 현재의 외부 환경에서 유리한 기회요인은 무엇인지, 어떠한 기회가 존재하는지를 의미한다.

Threat은 위협을 지칭하는 의미로 현재의 외부환경에서 불리한 위협요인은 무엇인지 어떠한 위협이 존재하는지를 의미한다. 주의할 점은 SWOT 분석에서는 현재의 것만 평가에 넣어야 한다.

세계적인 기업인 코카콜라의 SWOT 분석한다면 다음과 같이 작성할 수 있다.

- Strength(강점)
  ✓ 높은 시장 지배력과 브랜드 인지도
  ✓ 전세계적인 공급유통망 보유
  ✓ 높은 브랜드 가치
  ✓ 강력한 마케팅 및 광고
  ✓ 표준화 된 탄산음료 맛

- Weakness(약점)
  ✓ 펩시 등 경쟁사 대비 음료에 편중된 제품 포토
    폴리오(다각화 부족)
  ✓ 탄산음료에 대한 부정적 평판

- Opportunity(기회)
  ✓ 전세계적인 배달 음식 시장 성장에 따른 탄산
    음료 등 제품 판매 증가 여력
  ✓ 신제품 출시 강화에 따른 제품 포트폴리오 다
    각화
  ✓ 글로벌 경쟁 시대
  ✓ 신흥 시장의 소득 증대

- Threat(위협)
  ✓ 밀레니얼 세대 중심의 웰빙 트렌드 확산
  ✓ 코로나 19와 같은 바이러스 확산에 취약한
    away from home 판매채널
  ✓ 선진국 중심의 가당음료 세금 부과 확산
  ✓ 탄산음료 산업 경쟁 심화
  ✓ 탄산수 정수기 등장

SWOT 분석 예시(코카콜라)

두 번째는 STP전략이다. STP는 시장 세분화(Segmentation), 표적 시장 선정(Targeting), 포지셔닝(Positioning)의 첫 글자를 딴 마케팅 전략 중 하나다. 제품 범주와 소비자 욕구에 근거하여 동질적인 여러 고객집단을 나누고 경쟁 상황과 여러 자원을 고려하여 가장 자신 있는 시장을 선정한다는 것이 주요 내용이다.

먼저, 시장 세분화(Segmentation)는 제공되는 제품과 서비스의 시장을 정의하고 소비자층을 세분화한다. 예를 들어 B2B시장, B2C시장이 있으며 성별, 연령대, 라이프스타일, 소득수준, 직업 등에 따라서 소비자층을 세분하는 것이다.

표적 시장 선정(Targeting)은 시장 세분화로 선별한 소비자층 중 자사 제품, 서비스를 선택할 가능성이 가장 큰 핵심 소비자층을 표적 시장으로 선별한다. 예를 들어 다이어트 식품을 판매할 때 하루 8시간 이상 앉아 있는 20대 여성 중 inner제품에 거부감이 없고 다이어트 니즈가 있으며 월 10만 원을 다이어트에 투자할 수 있는 소비자로 설정한다.

포지셔닝(Positioning)은 표적 시장 고객에 좋은 인상을 주거나 구입을 유도하기 위해 자사의 제품, 서비스의 아이덴티티(Identity)나 이미지를 설정하는 단계이다. 예를 들어, 자동차 포지셔닝으로 Volvo는 유럽풍, 안정성, BMW는 젊은 감각, 우수한 성능, 벤츠는 클래식, 고급스러움, 현대는 국내산, 가성비 등으로 포지셔닝을 설정하는 것이다.

다음은 아모레퍼시픽의 브랜드별 화장품 STP전략을 분석한 자료다.

Segmentation

구분	시장1	시장2	시장3	시장4	시장5
브랜드	라네즈	이니스프리	에뛰드하우스	설화수	헤라
가격대	중고가	저가	저가	고가	중고가
특징	수분 보습 강화	청정 자연원료 사용 자연환경 초점 이미지	색조 부분 강화 소녀다운 이미지	한방 원료 동양적인 이미지	아시아 여성 피부중심

Targeting

브랜드명	타킷 시장	가격대
라네즈	20대 초,중반 보습을 중점으로 신경쓰는 나잇대 타켓	중고가
이니스프리	10대 후반에서 20대 초반 민간한 피부용 자연주의 컨셉	저가
에뛰드하우스	10대후반에서 20대초반 발랄한 소녀 컨셉, 여고생과 여대생이 타켓 기초보다 저렴한 색조화장에 관심이 있는 학생 타켓 모든 피부용	저가
설화수	40대에서 50대 여성 타켓 주름과 보습에 관심이 많은 층 한방 소재로 동양적인 컨셉	고가
헤라	30대 초,중반 피부 노화에 따른 피부 재생을 원하는 층	중고가

Positioning

STP전략 예시

자료원: 조세현, 『성과를 지배하는 스토리 마케팅의 힘』, 스타리치북스, 2015.

세 번째로는 4P이다. 이는 제품(Product), 가격(Price), 촉진(Promotion), 장소(Place)로 구성된다. 특히 4P mix는 일정한 환경적 조건과 일정한 시점 내에서 여러 가지 형태의 마케팅 수단들을 경영자가 적절하게 결합 내지 조화롭도록 사용하는 전략을 의미한다.

Product는 제품의 특징, 고객에게 주는 효용가치, 물질적 재화뿐만 아니라 서비스, 아이디어 등이 포함된 개념으로 브랜드 가치로 연결된다. 예를 들어 기능성, 편의성, 경제성, 혁신성의 특징이라고 말할 수 있다.

Price는 제품, 서비스의 가치를 결정하는 것으로 소비자 선택의 중요한 기준이며 쉽게 바꿀 수 없으므로 신중하게 결정해야 한다.

예를 들어 EDLP(Every Day Low Price), 프리미엄 전략, 박리다매, 이원화 전략 등이 있다.

Promotion은 기업과 소비자 간의 커뮤니케이션 활동으로 제품, 가격, 유통망이 비슷한 시장의 경쟁 구도 속에서 홍보가 새로운 경쟁력 요인으로 작용하는 것이다. 예를 들어 신제품 발표회, 스토리텔링, 소셜 네트워크 등이 있다.

Place는 제품, 서비스를 생산자로부터 최종 소비자에게 이동시키는 일련의 전달 경로로 점포 창업 시 입지조건과 인테리어 등이 포함된다. 예를 들어 직거래, 대형 유통망, 온라인 유통 등이 있다.

성공한 세계적인 기업인 스타벅스의 4P전략은 다음과 같다고 정리할 수 있다.

스타벅스 4P mix 전략

보통 이처럼 SWOT 분석, STP분석 마케팅 분석 툴을 사용하여 마케팅 컨셉을 만들고 4P 믹스 전략을 작성한다. 이를 통해 구체적인 마케팅계획을 수립하고 실현 가능성을 보이며, 정확한 마케팅 예산을 책정하여 경쟁사와 어떻게 차별화할 것인지를 고민해 작성해야 한다.

⑥ 창업 재무제표의 이해

창업 재무제표는, 예상 소요자금, 자금조달계획, 추정 손익계산서 등으로 구성된다.

예상 소요자금은 초기 투자비와 손익계산서상 경상이익 흑자가 도달할 때까지 투입되는 운영경비 등의 항목을 예측하여 기재하고 추정 소요자금 예측을 통해 사업자금을 관리하고 생산원가를 예측하며 비용지출의 목표를 설정하도록 한다.

자금조달계획은 추정 소요자금에 대한 조달계획을 수립하여 현실적으로 가능한 조달계획을 세워야 한다. 추정 소요자금보다 자금조달계획이 못 미칠 경우 자본에 맞게 사업을 수정하도록 한다.

추정 손익계산서에는 창업 초기 3년 동안의 추정 매출액과 비용을 산정하고 추정 손익계산서를 통해 손익분기점을 예측한다. 또한, 매출 증가에 따른 이유를 기재하고 인건비, 생산비, 고정비 등의 비용 상승률을 고려하여 작성한다.

예상 소요자금은 운전자금과 시설자금으로 구분되며 보통 운영자금은 6개월 정도의 상황에 대비하여 자금을 확보하도록 한다. 세부적인 내용은 다음과 같다.

예상 소요자금			
용도	구분	내용	예상금액
운전자금	인건비	인원과 금액을 산정한 후*6개월	
	사무 운영비용	식대,세무기장, 통신비*6개월	
	임대료	월 임대료 및 공동관리비*6개월	
	시제품 제작비	제품 금형비, 디자인 비용, 포장비 등	
	제품 생산비	제품 원가*초도 생산물량	
	개발비	프로그램 개발, 디자인, 서버 구축 비용 등	
	상품 매입비	도소매업 일 경우 초도 상품 매입비	
	홍보비	제품,서비스 판매를 위한 홍보 비용	
	운송비	제품의 수령, 배송을 위한 운송비	
	인허가 비용	지식재산권, 기업 설립 등 인허가 비용	
	세금, 보험료	각종 세금 및 4대 보험료*6개월	
	예비비	돌발 상황에 대비한 여유자금	
시설자금	임대 보증금	사무실 및 점포 임대를 위한 보증금	
	인테리어 비용	사무실 및 점포 인테리어 비용	
	사무용품	컴퓨터, 책상 등 사무용 집기 구입 비용	
	장비,기계	직접 제조를 할 경우	
합계			

예상 소요자금 작성

자금조달계획은 자기자본, 금융차입, 정부지원정책, 투자 유치, 기타 등으로 구분된다.

특히 정부지원정책과 투자 유치를 위해서는 차별화된 사업계획서의 작성 및 홍보는 필수이다. 세부적인 내용은 다음과 같다.

자금 조달 계획			
구분	항목	내용	예상금액
자기자본	개인 예적금	창업자가 보유한 종잣돈	
금융차입	개인 담보 대출	부동산 등 개인 담보 대출	
	개인 신용 대출	신용 등급에 따른 신용 대출	
	기관 대출	기술 보증기금 또는 신용보증기금 대출	
정부지원정책	정부 정책 자금	정부가 제공하는 저금리 창업지원 자금	
투자 유치	지인 투자 유지	가족 및 지인에게 투자 유치	
	벤처캐피탈	벤처캐피탈의 심사를 통해 투자 유치	
	엔젤, 펀팅 투자 유치	엔젤, 펀팅 투자자에게 투자 유치	
합계			

자금조달계획

사업장 및 시설공사, 설비 및 비품 계획, 기타 투자 계획 등을 종합하여 투자 금액에 대한 명확한 산출내역을 제시해야 한다. 시설 및 설비의 상세내역 및 구매처를 기재하는 것이 좋으나 대부분의 창업준비자들은 시설 및 설비를 보유하고 있지 않을 가능성이 높다. 그럴 경우에는 앞으로 구입할 시설 및 설비에 대해 사전 조사를 통해 얼마가 투자되어야 하는지 정확한 투자금액을 기재하는 것이 좋으며 무형자산(특허권 등)에 대한 계획도 필요하다.

다음은 예상 소요자금과 자금조달계획 작성을 예시를 작성하여 제시하였다.

(단위:천 원)

추정소요자금			자금조달계획			
용도	내용	합계	조달방법	조달완료금액	추가 조달금액	합계
운전자금	인건비	24,000	자기자금	20,000	10,000	30,000
	재료비	6,000	금융차입		5,000	5,000
	운영비용	5,000	기타			
	소계	35,000	소계	20,000	15,000	5,000
시설자금	컴퓨터 PC	4,000	자기자금	5,000		5,000
	사무기기	1,000	금융차임			-
	소계	5,000		5,000	-	5,000
합계		40,000		25,000	15,000	40,000
소요자금 산출근거	인건비 = 1,000*4명*6개월 = 24,000천 원, 재료비 = 6,000천 원, 운영비용 = 3,000(특허) + 기타경비2,000 = 5,000천 원					
조달계획 산출근거	컴퓨터 PC = 4,000천 원, 사무기기 = 1,000천 원					

추정 소요자금 및 자금조달계획 작성 예시

이러한 예상 소요자금과 사업자금조달계획, 투자 계획 등을 바탕으로 실제 영업활동을 진행할 때 추정되는 손익계산서 작성해 보았다. 물론 비즈니스 모델에 따라서 예상 매출과 비용 등에 많은 변수가 있지만 간단하게 이렇게 구성이 된다는 정도를 알아보고자 정리한 표이다.

실제로 이러한 손익계산서의 작성을 위해서는 비즈니스 모델에 대한 이해 및 기본적인 회계 지식이 바탕이 되어야 한다. 이 부분은 유튜브 무료 강의나 정부지원 무료 교육이 많이 있으니 적극적으로 활용할 것을 추천한다.

추정 손익계산서 작성 예시에서 간단하게 각 구분에 대해서 설명하면 매출에서 매출원가를 차감하면 매출 총이익이 된다. 여기에서 각종 비용을 제외하면 영업이익이 남게 된다. 차입금을 조달하여 사용하면 금융비용이 발생하는데 영업이익에서 금융비용을 제외하면 법인세 차감 전 이익이 되는 것이다.

법인세는 이익에 대해서 차등부과를 하게 되며 법인세 효율을 참고해야 한다. 법인세를 차감하면 마지막으로 당기순이익이 남게 된다.

1차 연도는 보통 적자나 아주 적은 이익이 발생하는데 이는 투자금액 및 작은 매출로 기인하게 되며 2년 차부터 차례대로 매출과 이익이 늘어나도록 3개년 추정 손익계산서를 작성하면 된다.

(단위:천 원)

구분	1차년도	2차년도	3차년도	비고
매출	30,000	60,000	90,000	매출증가 요인 설명 필요
매출원가	5,000	10,000	15,000	개당 제조원가 * 제조수량
매출총이익	25,000	50,000	65,000	매출-매출원가
투자비용	8,000	10,000	12,000	감각상각비+유지보수료+개발비
영업비용	7,000	9,000	12,000	광고비+판매수수료+접대비
인건비	6,000	9,000	12,000	인건비+복리후생비+교육비
기타경비	2,500	2,500	2,500	임대료+사무실 비용+공과금
영업이익	1,500	19,500	26,500	매출총이익-경비
금융비용	350	350	350	1억 원 융자, 이자 3.5% 가정
법인세차감전이익	1,150	19,150	26,150	
법인세	115	1,915	2,615	적자 0, 2억 이하 10%, 2억 이상 20%
당기순이익	1,035	17,235	23,535	

추정 손익계산서 작성 예시

⑦ 위기 상황 및 대응전략

위기 상황 및 대응전략은 SWOT 분석에 포함되지 않은 위기 상황을 예측하고 그에 대한 전략을 준비하는 것이다.

외부환경에서 위기 상황을 나열하면 다음과 같다. 정부 정책변화로 인한 규제, 경기 침체로 인한 판매부진, 트렌드의 변화로 고객수요 감소, 강력한 경쟁업체의 출현, 효율적인 대체재 또는 신제품의 등장, 고객의 불만 또는 피해 발생 등 예기치 못한 많은 사항이 있다.

내부환경에서 위기 상황은 협력업체와 문제 발생, 창업 후 운영자금 부족, 직원의 잦은 이직, 기업 내 직원 간의 불화, 경영자의 건강 악화 등이다.

이처럼 외부, 내부적으로 예기치 못한 위기 상황에 대해서 대응전략을 사전에 준비하도록 하며 특히 내부 환경에서의 위기 상황에 대해서는 주기적으로 점검하고 대응전략을 수립하도록 한다.

본인이 사업 위기에 대한 대응전략을 도출할 수 있는 위기와 대응전략을 나열해 보면 다음과 같이 정리할 수 있다.

위기 상황	대응전략	비고
초기 운영	전략적 네트워크 → 원자재, 홍보 등 비용절감 노력	
시장진입	경쟁력 확보 → 원가절감, 가성비, 품질확보 등	
경쟁업체	특허, 지적재산권 → 기술확보, R&D 투자	
판매부진	홍보 전략 → SNS, 구전, 제품 후기 공모	
대기업 진출	제품 차별화 → 맞춤형 Needs 충족, 디자인	

위기 및 대응 전략(예시)

⑧ 실행일정 및 향후 계획, 기타사항

성공적인 창업을 위해서는 창업준비단계부터 창업 이후까지 단계별 실행 일정 수립이 필요하다. 또한, 창업 이후 거시적인 사업 추진 계획은 사업의 지속 가능성을 높여 준다.

최종 목표와 기술개발 내용에 따른 각 세부 개발 내용을 작성하고 각각에 대한 일정을 작성하도록 한다. 향후 계획 및 결론 부분은 전체적인 사업전략 또는 구체적인 판매 계획에 대해서 언급하는 것이 좋다. 요약에서 잠시 언급한 1인 소규모 가구를 예로 들어 설명하면 소규모 가구의 단계적인 향후 계획으로는 1단계는 1인 가구를 위한 올 인원 디자인 시스템 제공, 2단계로 소형주택 공간 활용을 위한 전문제품, 마지막 3단계로 전 세계 1인 가구의 필수 아이템의 자리매김 등으로 계획을 수립할 수 있다.

이 계획에 따라서 판매 계획도 차례대로 1인 가구, 소형주택, 해외판매로 확장하도록 수립하면 된다. 그리고 마지막 결론은 비전 달성을 위한 목표로 지속적인 R&D 투자를 통해 효율적인 공간 활용 제품과 다양한 시리즈를 출시해 세계적인 1인 가구를 위한 전문기업으로 성장해야 한다.

실행일정 및 내용	M1	M2	M3	M4	M5	M6	M7	M8	M9	M10	M11	M12	비고
사업계획서 작성	■												
제품,서비스 개발	■	■											
시제품 제작			■	■									
사업장 선정					■								
완성품 출시						■	■						
사업자 등록								■					
홈페이지 구축								■					
직원 채용								■	■				
제품판매									■	■	■		

실행 일정 및 내용 예시

기타사항으로 첨부 자료는 사업계획서의 신뢰도를 높이기 위한 다양한 자료가 있다. 지적 재산권, 제품 판매 계획서, 제품 구매 의향서, 제품 샘플 이미지, 제품 사진, 기사광고 등을 첨부하도록 한다.

사업계획서의 투자제안 부문은 외부 투자자들에게서 투자 자금을 유치하기 위한 목적으로 사업계획서의 용도에 따라 가장 중요한 부분이 될 수 있다. 투자자금 유치용 사업계획서(IR) 작성 시 이 부분이 가장 핵심이 된다.

투자 제안 부분을 작성할 때 주의해야 할 점은 투자자에게 왜 우리 기업에게 투자를 해야 하는지, 투자했을 때 얻는 예상 수익은 얼마인지 구체적인 수치로 제시해 주어야 한다는 점이다.

투자 자금뿐만 아니라 원재료, 기술 등 사업에 필요한 재원을 투자받을 수 있으므로 다양한 투자 제안 방법이 제시될 수 있다.

리테일 사업에서 이런 경쟁력 있는 제2의 쿠팡이 나오기 위해서는 중소기업벤처부 소속의 창업진흥원을 중심으로 예비 창업자를 지원하는 프로그램을 적극적으로 활용하는 것을 추천한다.

예비 창업자를 위한 특화된 예비, 초기창업패키지 사업계획서에 대해 소개한다.

창업사업계획서의 구조는 P-S-S-T이며, Problem(문제 인식), Solution(실현 가능성), Scale-up(성장전략), Team(팀 구성)으로 4개의 단어의 앞 글자를 딴 것이다.

문제 인식은 개발 동기 목적, 실현 가능성은 사업전략, 시장분석, 성장전략은 자금계획, 판매계획, 팀 구성은 보유역량으로 설명된다.

일반 사업계획서와 큰 차이는 없지만 정해진 양식이므로 평가대상이 되는 부분에 더욱 구체성과 차별화를 강조하여 작성하도록 한다.

PSST 사업계획서는 창업진흥원에서 주관하는 예비 및 초기창업패키지 지원용 공용 사업계획서 양식으로 작성하여야 한다. 초기창업패키지의 경우 보통 본문 7페이지 내외로 선발 인원은 100명 정도이다.

일반현황 및 제품, 서비스 개요에는 신청자 세부 정보, 신청분야, 아이템명 등 일반현황 및 제품, 서비스의 개요를 작성한다. 또한, 창업 제품, 서비스의 소개, 개발단계, 국내외 목표 시장, 기술성, 제품이미지 등으로 구성된다.

PSST 사업계획서에 대한 각 세부 내용은 다음의 그림처럼 정리할 수 있다.

- 문제인식(Problem)
  ✓ 자사가 개발하고 있는 제품,서비스의 개발동기
  ✓ 창업아이템의 목적(필요성)
  ✓ 핵심기술,서비스의 필요성과 기대효과

- 실현가능성(Solution)
  ✓ 창업 제품,서비스의 개발 및 사업화방안
    :구현정도, 제작 소요기간 및 방법
  ✓ 시장 분석 및 경쟁력 확보
    : 고객 요구사항에 대한 대응방안

- 성장전략(Scale-up)
  ✓ 자금소요 및 조달계획
    : 자금의 필요성 및 사업비의 사용계획
  ✓ 시장진입 및 성과창출전략
    : 내수 시장 확보 및 해외시장 개척 방안

- 기업 구성(Team)
  ✓ 대표자,직원, 협업 파트너의 보유역량 및 경험, 기술력,노하우
  ✓ 사회적 가치 실현
    : 일자리 창출, ESG 경영 등

PSST 사업계획서 구성

사업계획서 작성 이후 체크사항은 다음과 같다. 사업계획서 양식의 안내 문장에 맞게 작성 여부, 중복된 내용 여부, 사업의 목적, 방침과 최종적으로 합치 여부, 정확성, 경제성, 가독성에 문제 여부, 지나치게 낙

관적이거나 비관적인 관측은 내용 여부, 결단 시기나 실행 시기는 적절한가, 객관적 정보의 출처 불명확 여부, 정보해석이 불충분 여부, 스토리텔링은 잘 되었지 여부, 재무계획의 보편타당 여부 등이 있다.

연구에 따르면 창업기업 성공에 필요한 요소는 출시 타이밍, 인력, 팀 능력과 유연성, 제품의 독창성, 비즈니스 모델 등이 좌우된다고 한다.

사업계획서에는 이러한 요소를 모두 반영하여 구체적인 로드맵을 만들어서 진행하려는 창업가의 지침이다.

2020년부터 시작된 세계적인 코로나 유행으로 인한 팬데믹이 이제 변종인 오미크론의 출현으로 엔데믹 상황으로 진입하고 있는 상황이다.

그동안 영업제한, 영업정지 등 원치 않은 많은 제약으로 소상공인과 중소기업들이 너무나도 힘들었던 시기를 거쳐서 이제 새로운 도약을 준비하고 있다.

창업이나 새로운 분야로 진출 확대를 준비하려는 분들이 이 책으로 조금이나마 리테일 트렌드를 이해하고 철저한 사전준비를 통해서 리스크를 최소화하여 원하는 목표를 달성할 수 있기를 간절하게 바란다.

▶ 참고 자료

1. 안광호 외 공저, 『마케팅원론』, 학현산, 2018.
2. 이학식 외 공저, 『소비자행동(마케팅 전략적 접근)』, 집현재, 2020.
3. 이학식, 윤호정 『마케팅조사』, 집현재, 2021.
4. 강재영 외 공저, 『소상공인&중소기업컨설팅』, 브레인플랫폼, 2020.
5. 황지영, 『리테일의 미래』, 인플루엔셜, 2019.
6. 리테일 소사이어티, 『리테일 바이블 2020』, 와이즈맵, 2018.
7. 김혜경, 이희윤, 남궁현, 최서연, 양희순, 「증강현실 매장의 인지된 기술혁신성이 재방문 및 구전의도에 미치는 영향-호기심과 재미를 중심으로」 서울대학교 의류학과, 상명대학교 의류학전공 연구논문, 2020.
8. 「음성 AI 시장의 동향과 비즈니스 기회」 삼정KPMG, 2020.
9. 과학기술정보통신부, '2020 4차 산업혁명 지표', '2021 4차 산업혁명' 지표, 2020, 2021.
10. 박정준, 『나는 아마존에서 미래를 다녔다』, 한빛비즈, 2019.
11. 모닝 컨설트(Morning Consult), 「Z세대 보고서: 2020년 가장 사랑하는 브랜드 TOP 50」 2020.
12. 글로벌 뉴스 미디어 채널 데일리포스트(http://www.thedailypost.kr)
13. Kotra 해외시장 뉴스, 「트렌드 보고서」
14. 이지현, 「포스트 코로나 시대, 4차 산업혁명은 어디로?」 대한무역투자진흥공사, 2020.
15. 「미국, 차세대 로봇 기술 개발 동향」 한국산업기술평가관리원, 2020.
16. 문새하, 「포스트 코로나 시대 언택트 소비로 인한 소매공간 수요변화와 시사점」 국토연구원, 2020.
17. 유하현, 한도경, 「국내 라이브 커머스 플랫폼 시장 분석과 전략 제언」 2020 KMAC 경영혁신 연구논문 및 사례연구 대학(원)생 공모전, 2020.
18. http://news.heraldcorp.com/view.php?ud=20201231000501
19. https://insidebigdata.com/2019/11/30/how-amazon-used-big-data-to-rule-e-commerce/
20. https://www.dailysecu.com/news/articleView.html?idxno=22739
21. https://news.nate.com/view/20201111n06438?mid=n1101_이미지 출처
22. https://www.retaildive.com/news/10-retailers-leading-the-way-in-ar/520520/
23. https://www.marketresearchfuture.com/reports/augmented-reality-market-1143
24. https://www.econovill.com/news/articleView.html?idxno=379602
25. https://www.ciokorea.com/news/120757

26. https://www.lotis.or.kr/tia03v.do?cn_id=2020011600001&cn_type_cd=TIA&MENU_ID=TIA00&searchKind=CN_TITLE&searchWord=&currPage=&detailKind

27. https://content.v.kakao.com/v/5f88d2e147190822bc722f32

28. Amazon Live: https://www.amazon.com/live

29. Google Shoploop: https://shoploop.area120.google.com/

30. Facebook Marketplace: https://www.facebook.com/marketplace

31. [2021 컨슈머]① "10분에 1억 매출"… 비대면 소비 이끄는 '라이브 커머스', https://biz.chosun.com/site/data/html_dir/2021/01/02/2021010200237.html

32. 커브사이드 픽업이 각광 받는 이유, https://happist.com, 2021.

33. 미국 화장품소매업 '얼타뷰티', 픽업 서비스 시작, https://cosinkorea.com/mobile/article.html?no=35521, 2020.

34. 커브사이드 픽업이란? 그리고 그 예시와 의견,https://xd-study.tistory.com/51, 2020.

35. 쿠팡·컬리·신세계 긴장시킨 '네이버 장보기', 아직은 물음표

36. aT지구촌리포트 미국, 코로나19로 인한 온라인 시장 성장세

37. 온라인 유통, '네이버-쿠팡-이마트' 삼국시대 예고, https://www.cosinkorea.com/news/article.html?no=36870_, 코스인코리아닷컴, 2020.

38. [박창현 담당의 리테일 테크] 언택트(Untact) 시대, 기술로 다 되는 게 아니다 https://www.shinsegaegroupnewsroom.com/39705/, 신세계 그룹 뉴스룸, 2020.

39. People Use Smart Speakers Like Amazon Echo for Simple Things: CHART, businessinsider.com, 2017.

40. 김혜경, 이희윤, 남궁현, 최서연, 양희순, 「증강현실 매장의 인지된 기술혁신성이 재방문 및 구전의도에 미치는 영향-호기심과 재미를 중심으로」 서울대학교 의류학과, 상명대학교 의류학전공 연구논문, 2020.

41. 김수연, 「밀키트(Meal-Kit) 국내외 시장 및 국내 특허현황」 2021.

42. 「디지털 구독 경제 트렌드와 비즈니스 기회」 삼정KPMG, 2021.

43. 「1인 창조기업 비즈업 세미나, 제품/서비스를 돋보이게 하는 사업계획서 작성방법」 오피스허브, 2021.

44. 조세현, 『성과를 지배하는 스토리 마케팅의 힘』 스타리치북스, 2015.

스타트업 리테일

초판 1쇄 발행 2022년 06월 09일
초판 2쇄 발행 2022년 06월 30일

지은이 강재영
펴낸이 류태연

편집 이재영 | **디자인** 조언수

펴낸곳 렛츠북
주소 서울시 마포구 양화로11길 42, 3층(서교동)
등록 2015년 05월 15일 제2018-000065호
전화 070-4786-4823 | **팩스** 070-7610-2823
이메일 letsbook2@naver.com | **홈페이지** http://www.letsbook21.co.kr
블로그 https://blog.naver.com/letsbook2 | **인스타그램** @letsbook2

ISBN 979-11-6054-553-1 13320